Bartholomäus von Werner

Die Kampfmittel zur See

Schiffe, Fahrzeuge, Waffen, Hafensperren

Bartholomäus von Werner

Die Kampfmittel zur See

Schiffe, Fahrzeuge, Waffen, Hafensperren

ISBN/EAN: 9783954271290
Erscheinungsjahr: 2012
Erscheinungsort: Bremen, Deutschland

© maritimepress in Europäischer Hochschulverlag GmbH & Co. KG, Fahrenheitstr. 1, 28359 Bremen. Alle Rechte beim Verlag und bei den jeweiligen Lizenzgebern.
www.maritimepress.de | office@maritimepress.de

Bei diesem Titel handelt es sich um den Nachdruck eines historischen, lange vergriffenen Buches. Da elektronische Druckvorlagen für diese Titel nicht existieren, musste auf alte Vorlagen zurückgegriffen werden. Hieraus zwangsläufig resultierende Qualitätsverluste bitten wir zu entschuldigen.

Die

Kampfmittel zur See.

— Schiffe, Fahrzeuge, Waffen, Hafensperren. —

Von

B. von Werner,
Contreadmiral a. D.

Mit 93 Abbildungen.

Leipzig:
F. A. Brockhaus.

1892.

Vorwort.

In einem Buch, welches unter dem Titel „Deutsches Kriegsschiffsleben und Seefahrkunst" erschienen ist, habe ich den Leser zwar mit dem Leben und Treiben auf einem deutschen Kriegsschiff bekannt gemacht; letzteres selbst konnte aber dort keine eingehendere Berücksichtigung finden, weil sich der verschiedenartige Stoff trotz seiner nahen Verwandtschaft nicht gut zusammenfassen ließ. Ich mußte daher das moderne Kriegsschiff mit seinen Waffen, welches sich uns in großer Vielgestaltigkeit, in den Formen mächtiger Panzerschiffe und kleinerer Fahrzeuge bis zum winzigen Torpedoboot hinab darstellt, von der Besprechung ausschließen und konnte es nur als Vorwurf zu einer neuen Arbeit benutzen, welche ich in den nachfolgenden Blättern der Oeffentlichkeit übergebe. Der Gedanke, welcher mich bei dieser Arbeit geleitet hat, war auch hier: dem Laien das Verständniß für die Eigenart einer Kriegsmarine und ihrer wunderlich gestalteten Schiffe neuerer und neuester Art zu erschließen.

Die Anlage des Buchs ist so gewählt, daß der Leser von den alten Segelschiffen und ersten Dampfern zu den hölzernen Schraubenschiffen und von diesen zu den Panzerschiffen geführt wird, und nun deren verschiedene Bauart, ihre Waffen und alle die Schiffstypen kennen lernt, welche eine natürliche Folge der Schiffspanzerung und der von Jahr zu Jahr vervollkommneten Waffen wurden. Er wird auch Aufklärung über die Schwierigkeiten finden, welche sich dem Bau der Schiffe und der Auswahl des besten Modells entgegenstellen. Der Menschen, welche auf diesen Schiffen leben müssen, ist ebenfalls in entsprechender Weise gedacht worden.

Das Buch richtet sich vornehmlich an den Laien; es soll dem Steuerzahler, vor allem dem von dem Vertrauen seiner Mitbürger getragenen Reichstagsabgeordneten die Möglichkeit geben, sich ein eigenes Urtheil über die Nothwendigkeit der von der Marineverwaltung gestellten Forderungen zu bilden, um dieselben mit dem vollen Bewußtsein seiner Verantwortlichkeit bewilligen oder ablehnen zu können; es soll andererseits demjenigen, welcher den Arbeiten des Reichstags ein weniger reges Interesse entgegenbringt, befähigen, sich ein Bild von der eigenartigen Gestaltung eines großen Getriebes zu machen, welches für die Wehrkraft unsers Vaterlands von so hoher Bedeutung ist und im Lauf der Zeit noch weiter an Bedeutung gewinnen wird.

Natürlich wird es aber auch erscheinen, daß ich als früherer Seeoffizier es nicht ganz vermeiden konnte, mich hier und da auch an den Fachmann zu wenden, wenn ich glaube, ihn auf bestehende Irrwege oder auf mögliche Vervollkommnungen bezw. Verbesserungen aufmerksam machen zu können. Der Seeoffizier möge mir dies nicht übel deuten. Dem Stand, in welchem ich groß geworden bin, möchte ich auch fernerhin, wenn auch in meiner Art, noch dienen; allerdings nicht zu Nutz und Frommen einer einzelnen Person, sondern um dem Ganzen zu nützen, und zwar auch nicht nur der Marine allein, sondern dem Gesammtvaterland, welches uns allen doch am höchsten steht. Die sich mehr an den Fachmann richtenden Stellen des Buchs werden indeß den Laien, so hoffe ich, nicht ermüden, denn dieser wird, soweit ich es zu beurtheilen vermag, durch diese Abschweifungen von dem eigentlichen Ziel der Arbeit nur ein getreueres Bild von den Marineeinrichtungen erhalten.

Möge das Buch auf allen Seiten eine gute Aufnahme finden!

Darmstadt, im September 1891.

Bartholomäus von Werner.

Inhalt.

	Seite
Vorwort	V
Einleitung	1
1. Die Entwickelung der Schiffe und Waffen in den letzten vierzig Jahren	5
2. Panzerschiffe	28
Allgemeines	28
Die Entwickelung des Panzerschiffbaus	40
Die innere Einrichtung und einige Bemerkungen über das Personal	57
Die Waffen und ihr besonderer Zweck	76
3. Der Aviso	111
4. Das Torpedoboot	117
5. Der Torpedobootsjäger	127
6. Die Schutz- und Abwehrmittel gegen die Waffen	129
7. Das Panzerkanonenboot	138
8. Die Hafensperren und die Minen	142
Register	151

Einleitung.

Alle größeren Kriegsmarinen setzen sich aus Schiffen und Fahrzeugen der verschiedensten Art zusammen: aus solchen, welche für den Kampf bestimmt sind; aus andern, welche handelspolitischen, nebenher aber auch Ausbildungszwecken dienen und gelegentlich zu wissenschaftlichen Expeditionen benutzt werden; und wieder andern, welche nur als Schulschiffe Verwendung finden. Hierzu treten dann noch diejenigen, welche für ihren ursprünglichen Zweck unbrauchbar geworden sind, entweder weil ihre Bauart veraltet ist, oder weil ihr baulicher Zustand sie als nicht mehr seetüchtig erscheinen läßt.

Diese letzteren werden in den heimischen Häfen und Gewässern nach Möglichkeit ausgenutzt und aufgebraucht, und es findet sich für sie die verschiedenartigste Verwendung. Alte Panzerschiffe dienen in den Kriegshäfen als Wachtschiffe, auf welchen gleichzeitig auch die vierjährig-freiwilligen Matrosen, die sich bekanntlich aus der Landbevölkerung rekrutiren, ebenso ihre erste seemännische Ausbildung erhalten, wie die Rekruten des Maschinenpersonals hier mit der Art der Kriegsschiffsdampfmaschinen bekannt gemacht und im Heizen eingeübt werden. Kleinere Schiffe aus den Klassen der Kreuzer und der Kanonenboote werden zu Vermessungszwecken in der Ost= und Nordsee, zur Ausübung der Seepolizei und zum Schutz der Fischerei in diesen Meeren herangezogen. Größere Schiffe, für welche sich keine andere Verwendung findet, werden als schwimmende Kasernen oder als Kohlenhulks eingerichtet, und wieder andere müssen Versuchszwecken dienen, um die Feuerwirkung der Geschütze und Geschosse in einem Schiff, oder um die Widerstandskraft neuer Panzerungen und Schiffsconstructionen gegen Geschosse und Torpedos zu erproben.

Ob ein Schiff mit diesem Namen, nämlich als „Schiff", oder ob es als „Fahrzeug" näher bezeichnet wird, hängt heutigentags allein von seiner Größe ab, während früher die Bauart und die Betakelung hierfür maßgebend waren. Linienschiffe, Fregatten und Korvetten, welche stets je drei vollgetakelte, d. h. drei Masten mit Raasegeln hatten, wurden Schiffe genannt; Briggs (mit zwei vollgetakelten Masten), Kanonenboote und Avisos bezeichnete man als Fahrzeuge. Jetzt kann man sagen, daß diejenigen Schiffe, welche mehr als 200 Mann Besatzung haben, zu der Klasse der Schiffe, und solche, die schwächer bemannt sind, zu den Fahrzeugen gehören. Die Panzerschiffe, Kreuzerfregatten, Kreuzerkorvetten, gepanzerten Kreuzer und die Schulschiffe nennen wir Schiffe; die Panzerfahrzeuge, Kreuzer, Avisos, die Kanonen- und Torpedoboote dagegen Fahrzeuge. Die Kommandanten und Ersten Offiziere für die Schiffe werden aus den älteren Seeoffizieren gewählt; sie haben größere Strafgewalt und höhere Urlaubsbefugniß als die der Fahrzeuge, auch höhere Tafelgelder und Stellenzulagen, weil ihre Repräsentationspflicht eine größere ist und das ihnen anvertraute Staatseigenthum, für welches sie unter Umständen einzutreten haben, ganz andere Werthe darstellt.

Zu den nur für den Kampf bestimmten Schiffen und Fahrzeugen müssen wir rechnen: die Panzer- oder eigentlichen Schlachtschiffe und die zu ihnen gehörigen Avisos; die zur Vertheidigung der Häfen und Küsten bestimmten Panzerfahrzeuge und Kanonenboote; die Torpedoboote und die Torpedobootsjäger, sowie die Fahrzeuge zum Auslegen von Minen- und sonstigen Sperren.

Im handelspolitischen Dienst, mit welchem, wenn irgend angängig, stets Uebungs- und Ausbildungszwecke verbunden werden, sehen wir die Kreuzerfregatten und -Korvetten, die gepanzerten Kreuzer und die Kreuzer, auch kleinere Kanonenboote an solchen Plätzen, wo die Gestaltung der Küste die Verwendung kleinerer Fahrzeuge erheischt, oder wo die politischen Verhältnisse es gestatten, daß die deutsche Flagge nur durch eine kleine Macht vertreten wird. In diesem Fall verwendet man aus finanziellen Gründen nur Kanonenboote, weil das Fahrzeug selbst ein geringes Kapital darstellt, nur einer kleinen Besatzung bedarf und hiermit natürlich auch die Unterhaltungs- und Verpflegungskosten sich in bescheidenen Grenzen halten. Diese Fahrzeuge bleiben dann, um sie nicht zu oft den Gefahren der großen Seereisen auszusetzen und um die Kosten zu sparen, welche mit der Indienststellung zweier Fahrzeuge für denselben Zweck verbunden sein würden, dauernd oder doch so lange auf ihrer Station, als der bauliche Zustand des Rumpfs und der Maschine dies zulassen, und die Ablösungskommandos der Besatzung werden auf besonders dazu gemietheten Handels- oder auf solchen Frachtdampfern, welche genügenden Raum für die Mannschaften bieten, hin- und zurückgebracht. Denn wenn das Fahrzeug selbst nach zweijähriger Abwesenheit wieder in der Heimat eintreffen müßte, dann wäre es nöthig, zur Ausführung der Ablösung bei den größeren Entfernungen für die Dauer von 8 Monaten zwei Fahrzeuge im Dienst zu halten, da man sowol für die Hinreise des einen, wie für die Rückreise des andern, unter Hinzurechnung der erforderlichen Zeit für In- und Außerdienststellung, je 4 Monate in Ansatz bringen muß.

Bei Betrachtung der Schulschiffe finden wir eins für die neu eintretenden Kadetten, mehrere für die Schiffsjungen, ein Artillerieschulschiff und eins für Torpedozwecke, die beiden letzteren auch zur fortlaufenden Vervollkommnung der bestehenden Artillerie- und Torpedoeinrichtungen und zur Erprobung der vielen Verbesserungsvorschläge, welche auf diesen Gebieten, namentlich mit Bezug auf die Torpedos gemacht werden.

Daß man in den Kriegsmarinen so vieler Schiffsarten bedarf, wird durch die Vielseitigkeit in der Verwendung der Schiffe zu Kriegs- und handelspolitischen Zwecken bedingt, und die vielen Schulschiffe sind aus andern Gründen erforderlich.

Die neu eintretenden Kadetten und Schiffsjungen, welche sich in ganz neue Gewohnheiten und Verhältnisse hineinleben müssen, können auf den eigentlichen Kriegsschiffen nicht so in die Eigenart des Schiffslebens eingeführt werden, wie es erfahrungsmäßig nothwendig ist, wenn der richtige Grund für ihre fernere Ausbildung von Anfang an gelegt werden soll; daher muß man sie für die Zeit ihrer ersten seemännischen Erziehung auf besondere Schiffe bringen, welche nur diesen Anforderungen dienen.

Die Schulschiffe für Artillerie- und Torpedozwecke sind erforderlich, weil nur auf ihnen die Offiziere, Kadetten, Unteroffiziere und Gemeinen in der Handhabung aller Waffen, deren sie zu ihrem Kriegshandwerk bedürfen, ausgebildet werden können. Der Matrose ist zunächst infanteristisch ausgebildet, doch das Gewehr ist eine Waffe, welche er im Schiffskampf nicht gebrauchen wird; er muß in erster Reihe die schwere Kanone zu bedienen verstehen und auch mit der Handhabung der leichten und kleinen verschiedener Art vertraut sein, wenn auch bei allen nur in den verschiedenen Hülfsnummern; er muß so viel von den Handleistungen bei dem Torpedo und den Schutzvorrichtungen gegen ihn verstehen, daß er, wenn nöthig, überall einspringen kann. Denn man muß auf dem Schiff für den Fall eines Kampfs stets mit so schweren Verlusten rechnen, daß jedermann an Bord, sogar auch der Heizer und der Handwerker, genügende Kenntnisse von dem Waffenhandwerk haben muß, um eine eintretende Lücke ausfüllen zu können.

Diese Ausbildung erhalten die Menschen am besten auf den mit allen Hülfsmitteln für den Unterricht versehenen Schulschiffen; nur auf diesen können überhaupt die Geschützkommandeure, die Schnellfeuerkanonenschützen, die Vorleute für die Torpedos und die Lehrmeister zur Ausbildung derjenigen Mannschaften, welche keinen Schulkursus durchmachen können, herangebildet werden. Nur auf dem Artillerieschulschiff können die Schiffskommandanten die für das Artilleriefeuer nothwendigen Erfahrungen sammeln, wenn auch dieser Dienstzweig merkwürdigerweise vorläufig noch nicht in den Lehrplan des Schiffs aufgenommen ist.

1. Die Entwickelung der Schiffe und Waffen in den letzten vierzig Jahren.

Die für den Kampf bestimmten Schiffe und Fahrzeuge sind die Träger der im Seekrieg zur Verwendung kommenden Waffen; diesen müssen sie sich mit Bauart, Größe und Einrichtung anpassen, aus ihnen sind sie somit hervorgegangen. Richtig wird es daher auch sein, die Waffen vorzugsweise zu dem Mittelpunkt dieser Betrachtung zu machen.

Als Einleitung werden uns die folgenden Angaben über die Waffen, welche in früheren Zeiten im Schiffskampf gebräuchlich waren, und über diejenigen, welche in der Neuzeit im Gebrauch sind, willkommen sein, auch werden wir gern kennen lernen, welche Wandlungen der Schiffbau und die Waffen in den letzten vierzig Jahren durchgemacht haben, weil wir damit befähigt werden, den späteren Auseinandersetzungen leichter zu folgen.

Vor den funfziger Jahren hatte man hauptsächlich nur mit der glatten Kanone und dem Entermesser zu rechnen; an des letztern Stelle kam dann später das gezogene Gewehr mehr zur Geltung, um aber wieder in den Hintergrund zu treten, nachdem die gezogenen Kanonen zu dem Bau der Panzerschiffe geführt hatten. Neuerdings nun, nach Einführung der Torpedos in die Schiffswaffen, wollen viele Offiziere dem Gewehr wieder eine erhöhte Bedeutung beimessen, weil sie glauben, daß jede Seeschlacht auf die geringsten Entfernungen geschlagen werden wird, während andere der entgegengesetzten Ansicht sind. Wer Recht hat, kann nur ein zukünftiger Seekrieg lehren.

Zu den Schiffen übergehend finden wir, daß zu Anfang der funfziger Jahre die größere Masse der Schlachtschiffe noch aus Segellinienschiffen bestand, welche, wenn sie nicht gegen Landbefestigungen kämpften, vornehmlich und trotz ihrer großen Kanonenzahl die Aufgabe hatten, die auf ihnen befindlichen Streiter zu dem Feind hinzufahren, damit diese, nachdem ihr Schiff sich einem Gegner fest an die Seite gelegt hatte, unter Verachtung jeder Feuerwaffe, mit dem Entermesser oder Enterbeil in der Faust auf das feindliche Bord stürmen konnten, um, nunmehr Mann gegen Mann ringend, den Kampf durch die Enterung zu entscheiden und das fremde Schiff gleichzeitig auch als gute Prise für die Ueberlebenden zu gewinnen. Die Dampfmaschine, welche zwar schon im Jahr 1815 Eingang in die Kriegsmarinen gefunden hatte, konnte vorläufig noch keine Aenderung in der Bauart der Linienschiffe bewirken, weil für diese die Maschinen mit ihren großen Schaufelrädern zu ungeheuerliche Abmessungen erhalten hätten. Auch mußten die Maschinen in den Schiffen zum Theil über deren Wasserlinie liegen; ein einziger Schuß in das Getriebe der Bewegungsmittel eines Dampfschiffs konnte dieses daher lahm legen, denn dessen kleine Takelage war ihm umsoweniger von Nutzen, als die nach dem Stillstand der Maschine fest in dem Wasser liegenden Schaufelräder schon die Kraft einer großen Segelfläche, wenigstens bei schwächerem Wind, aufgehoben hätten. Dagegen konnte ein Segelschiff schon eine große Anzahl Treffer der damaligen Vollkugeln in seiner Takelage vertragen, ehe diese den Dienst versagte.

So mußte man sich auf den Bau kleinerer Dampfschiffe in der Größe und der Bewaffnungsart von Fregatten und Korvetten beschränken, welche nur als Avisos Verwendung finden und diesen Dienst auch nicht allein übernehmen konnten, weil sie zu schwach armirt und bei einigermaßen frischem Wind den Segelschiffen auch in der Schnelligkeit unterlegen waren. Ueberdies reichte ihr Kohlenvorrath für eine längere Kreuzfahrt auch nicht aus, und ohne Dampf nur mit ihren Segeln konnten sie den Segelschiffen nicht folgen, auch dann nicht einmal, wenn diese ihre Segelfläche so weit gekürzt hätten, als es mit einer sichern Fahrt über See noch verträglich gewesen wäre. Als Schlachtschiffe aber konnten sie nicht in Frage kommen, weil hierfür nur Linienschiffe als verwendbar angesehen wurden. Nur diese bildeten die eigentliche Schlachtlinie,[1] denn die Segelfregatten und Korvetten waren

---

[1] Hiervon stammt der Name „Linienschiff". Die Engländer nannten ein solches Schiff ship of line oder kurzweg ship, bei den Franzosen hieß es vaisseau de ligne bezw. vaisseau.

weiter nichts als Avisos, welche im Verein mit noch kleineren Schiffen und Fahrzeugen den Vorpostendienst versahen und an diesem Dienst sogar in der Folge, nach Einführung der Dampfschiffe noch mit theilnehmen sollten und mußten, weil man diesen neuen Schiffen berechtigtes Mistrauen entgegenbrachte. Die Maschinen waren noch sehr unvollkommen und häufigen Havarien unterworfen. Die Bauart des

Raddampffregatte.

Schiffskörpers gab in Betreff der Seetüchtigkeit zu manchen Bedenken Anlaß, solange man noch nicht die richtigen Verhältnißzahlen gefunden hatte. Die Schnelligkeit der Dampfer war bei frischem günstigem Wind derjenigen eines guten Segelschiffs unterlegen; mit der Maschine allein brachten sie es auf 7 bis 8 Knoten, unter Zuhülfenahme der Segel auf 10 bis 11, während der Segler leicht 12 und 13, unter besonders günstigen Verhältnissen sogar 14 Knoten erreichte. So wird es verständlich, daß man den Vorpostendienst nicht einzig und allein den Dampfern anvertrauen konnte, zumal die Avisos auch bei Ausübung ihres Dienstes leicht in einen Kampf mit feindlichen Vorposten verwickelt werden konnten, bei welchem die Dampffregatte einer unter frischem Wind gut manövrirten Segelfregatte, welche über die dreifache Kanonenzahl gebot, nicht gewachsen war.

Diese Schwäche der Dampfer mußte naturgemäß zu dem Versuch führen, sie mit wirkungsvolleren als den damals gebräuchlichen Geschützen auszurüsten, mit Kanonen, welche sie befähigten, das Feuer auf Entfernungen aufzunehmen, auf welche das schwerste Geschütz der Linienschiffe sie nicht erreichen konnte. Man fand denn auch in der von dem französischen Oberst Paixhans im Jahre 1822 construirten Bombenkanone eine Waffe, welche geeignet war, diesem Zweck zu genügen. Bislang führten die Schiffe nur Kanonen, welche Vollkugeln auf Entfernungen bis zu 2000 Schritt schossen; sie hatten meist auch nur 3 Kaliber mit Kugeln von je 18, 24 und 36 Pfund Gewicht, weil die Leistungsfähigkeit der damaligen schwereren Geschütze (der 42- und 48-Pfünder) nicht viel größer war, als die der 36-Pfünder und weil andrerseits die Vereinfachung der Munition erhebliche Vortheile bot. Da ermöglichte es nun die Bombenkanone, nicht nur das Geschoß 3000 Schritt weit zu werfen, sondern auch an Stelle der Vollkugel eine Bombe (Granate) zur Anwendung zu bringen, welche eine noch weit größere Zerstörungskraft als die gefürchtete glühende Kugel besaß und dabei doch gefahrlos von den Schiffen aus geschossen werden konnte, was mit der glühenden Kugel nicht der Fall war. Das Erhitzen derselben war mit so großer Feuersgefahr für das eigene Schiff verbunden, daß ihre Verwendung nahezu als ausgeschlossen angesehen werden mußte.

Die Bedeutung dieser neuen Waffe für den Schiffskampf wird uns klar, wenn wir die Arbeitsleistung der Vollkugeln derjenigen gegenüberstellen, welche die Bomben zu erreichen vermochten.

Die Vollkugel war nur befähigt, den über Wasser liegenden Theil des Schiffsrumpfs zu durchschlagen, die Masten zu Fall zu bringen, die Menschen kampfunfähig zu machen und die Geschütze durch Zerstörung ihrer Lafetten außer Gefecht zu setzen; ein Schiff zum Sinken

zu bringen vermochten sie aber nur in ganz besonderen Ausnahme=
fällen, in welchen dieses den erhaltenen Wunden auch nicht plötzlich
erlag, sondern erst Stunden und Tage nach dem Kampf, wie wir
aus dem Nachstehenden ersehen werden.

Die Kugel konnte ein Schiff nur in dem Fall — mir sei der
Ausdruck erlaubt — lebensgefährlich verletzen, wenn sie in seiner Wasser=
linie oder in deren Nähe einschlug, denn jedem aus einer Kanone ent=
sendeten Geschoß ist, solange es noch Flugkraft besitzt, das Eindringen
unter Wasser versagt. Sein Einschlagwinkel ist, sofern es nicht aus
einem Mörser geworfen wird, in der Regel so klein, daß es nicht in das
Wasser eindringt, sondern gewöhnlich in größerm Winkel wieder abprallt
(ricochettirt) und daher den Rumpf nur dann unter Wasser treffen kann,
wenn es in dem einzigen günstigen Moment einschlägt, wo das Schiff
nach der andern Seite überholt. In diesem Fall aber, wie auch bei
den Treffern in der Nähe der Wasserlinie über Wasser, hatte die
Kugel immer noch eine Wand aus bestem Eichenholz von 85 cm
Dicke zu durchschlagen, wozu sie jedoch nur auf ganz geringe Entfer=
nungen befähigt war, und dann machte sie auch noch kein richtiges
Loch in die Wand, sondern zerstörte nur das Holz in seiner Faser,
wobei nach ihrem Durchgang die Splitter sich wieder so ineinander
schlossen, daß nur ein Durchträufeln des Wassers möglich war, aber
kein gefährliches Leck entstand. Diese Verletzungen konnten dann auch
noch leicht in der Weise unschädlich gemacht werden, daß man die
Löcher, sofern man überhaupt an sie herankommen konnte, mit den
gebräuchlichen Schußpfropfen zustopfte. Um wiederum dieses erreichen
zu können, hatten die Schiffe eine besondere bauliche Einrichtung:
überall da, wo die Schiffswand von innen nicht sowieso offen lag
und leicht zugänglich war, wurde sie von einem sogenannten Wallgang
umschlossen, in welchem die Zimmerleute bequemen Ab= und Zugang
fanden. Ein Schiff konnte daher schon viele derartiger Schußlöcher
vertragen, ehe der Strom des eindringenden Wassers eine Stärke er=
reichte, daß die Pumpen ihn nicht mehr zu bewältigen vermochten,
und sollten auch alle Pumpen, welche stets möglichst geschützt gegen
feindliches Feuer nahe der Wasserlinie, oder, wenn angängig, unter
derselben in der Schiffsmitte angeordnet sind, zerschossen worden sein,
dann vergingen doch noch immer Stunden, bevor das Schiff so weit

sank, daß es allen weitern Widerstand aufgeben mußte. Hierin lag die große Stärke der Holzconstruction, und dies war bekanntlich der Hauptgrund, weshalb man vor Einführung der Panzerung von dem Bau eiserner Schiffe für Kriegszwecke absehen mußte, weil jede in eine dünne Eisenwand einschlagende Kugel ein größeres Loch macht, als ihr eigener Durchmesser beträgt.

Allerdings konnte man dem Holzschiff nicht durchweg so dicke Wände, wie oben angeführt, geben, weil der Tiefgang mit dem großen Gewicht zu sehr gewachsen, auch die Stabilität eine ungenügende geworden wäre. Man mußte sich für den über Wasser liegenden Theil des Rumpfs schon mit geringeren Abmessungen begnügen, mit solchen, welche genügend groß waren, um dem ganzen Bau die erforderliche Festigkeit in sich, und genügende gegen die Gewalt der See zu geben, ihn zu befähigen, die von den Segeln auf ihn übertragene Kraft aufzunehmen, die Kanonen zu tragen und eine abgeschossene Breitseite auszuhalten. Die Bordwand war aber dort, wo die Kanonen standen und die Menschen kämpften, wenngleich sie auf Entfernungen über fünfhundert Schritt noch Schutz gegen Kartätschkugeln bot, nicht mehr dick genug, den Vollkugeln zu widerstehen, auch nicht auf die größten damaligen Gefechtsentfernungen; ja ihre Stärke war gewissermaßen eine verhängnißvolle, denn sie war die günstigste für die feindlichen Geschosse. Die Kugeln konnten noch mit großem Kraftüberschuß hindurchschlagen und fanden doch so viel Widerstand, daß sie nicht glatt durchgingen, sondern von der innern Seite der Wand große Splitter abrissen, welche oft mehr Menschen außer Gefecht setzten, als die Kugeln selbst. Fanden diese hier nun ein verhältnißmäßig leichtes Spiel, so konnten sie doch andererseits der Takelage, des Schiffs zweiter Lebensbedingung neben der Schwimmfähigkeit, nur wenig anhaben; hier waren die Abmessungen wieder zu erhebliche. Der Groß-Untermast hatte einen Durchmesser von 1,05 m, die Großraa in ihrer Mitte den gleichen und verjüngte sich nach den Nocken bis auf 50 cm, der Durchmesser der Großstänge betrug 60 cm, der der Großmarsraa im Mittel 40 cm, und ähnlich waren die andern Abmessungen, während das Kaliber des 36-Pfünders nur 15 cm betrug. Es lag aber auch gar nicht im Interesse der Kämpfenden, den Feind zum Sinken zu bringen, oder seine ganze Takelage zu fällen, denn man wollte das Schiff erobern und nach der Eroberung die Prise mit ihrer eigenen Takelage nach dem für sie bestimmten Hafen in Sicherheit bringen.

Da man also mit dem Geschützfeuer nur wenig gegen Rumpf und Takelage auszurichten vermochte, man auch danach streben mußte, das feindliche Schiff noch schwimm- und segelfähig in seine Hände zu bekommen, so war jedem entschiedenen Führer, welcher sich stark genug glaubte und dessen Mannschaft auf Schnelligkeit des Geschützfeuers vorzüglich einexerciert war, das zu erstrebende Ziel klar vorgesteckt.

Er mußte, nachdem die Flotten sich gefunden hatten, in kürzester Zeit an den Feind herankommen, diesem auf Kernschußweite mehrere schnell aufeinander folgende Breitseiten geben und dann zum Entern übergehen. Mit solch rücksichtslosem Vorgehen und mit dem schnellen Feuer der englischen Geschützmannschaften hat Nelson seine Siege erfochten.

Hiermit war auch die Taktik für die Segelschiffe gegeben, denn damals gab es noch in gewissem Sinn eine Seetaktik, was heute nicht mehr der Fall ist.

Für die alte Taktik war in erster Reihe die Geschützwirkung maßgebend; denn wenn die Kugeln auch nicht Bresche schossen, deren man nicht bedurfte, um auf das feindliche Schiff zu kommen, so machten sie doch die Menschen kampfunfähig und befähigten dasjenige Schiff, welches als erstes das meiste Eisen in den Gegner warf, diesen so weit zu schwächen, daß es zur Enterung übergehen konnte, sofern es mit günstigem Wind und überlegener Fahrgeschwindigkeit und Manövrirfähigkeit auf ihn zusteuerte und hierdurch die Möglichkeit fand, an seine Seite zu kommen. Die Kunst war also, vor Beginn des Kampfs sein Schiff zum Gegner in eine Stellung zu bringen, von wo aus es diesen wirkungsvoll beschießen konnte, ohne selbst starkes Feuer zu erhalten, und dies wurde erreicht, wenn man seine Breitseite rechtwinkelig zur Längsrichtung des Gegners brachte und in solcher Lage dessen Kurs auf die geringstmögliche Entfernung vor ihm oder hinter ihm kreuzte. Ein Dreidecker A war dann z. B. im Stande, seinem Feind B eine Breitseite von 60 Kugeln oder, wenn er doppelt geladen hatte, von 120 Kugeln in

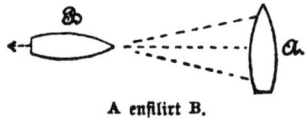

A enfilirt B.

den Rumpf zu werfen, während dieser die verheerende Lage mit höchstens

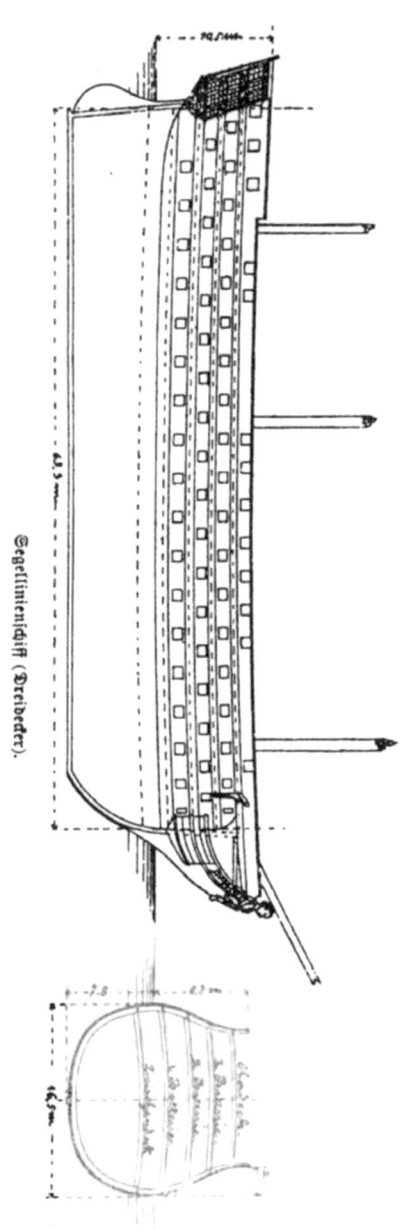

Segellinienschiff (Dreidecker).

8 Doppelschuß, das sind 16 Kugeln, erwidern konnte; dabei aber durchstrichen noch die 120 Kugeln des A die ganze Länge des Schiffs B, wogegen die des B nur den kurzen Weg der Breite des A durchfliegen und verhältnißmäßig wenig Unheil anrichten konnten. Das Feuer eines Schiffs in der Lage von A wurde und wird „den Gegner enfiliren" genannt. Die Kugel und der Wind waren somit die beiden Factoren, mit welchen man zu rechnen hatte, wenn man den Sieg erstreben wollte.

Den Gefechtswerth der Kugel lernen wir im Folgenden kennen. Die Holzschiffe waren in ihrem über Wasser liegenden Theil ein von Kanonen starrender großer Bau, der beispielsweise bei einem sogenannten Dreidecker, Linienschiff der größten Art, eine Länge von rund 63, eine Breite von 17 und eine Höhe über Wasser von nahezu 10 m hatte, in welchem in vier übereinander liegenden Stockwerken — deren oberstes, das Oberdeck, aber nicht mehr gedeckt war, die andern eine durchschnittliche lichte Höhe von 1,90 m hatten — 120 Kanonen standen, welche durch annähernd 800 Mann bedient wurden. Die Kanonen waren so vertheilt, daß sich auf dem Oberdeck 18 und auf jedem andern Deck 34, in der Hauptsache also auf jedem Deck und auf jeder Seite 17 befanden, die bei der angegebenen Schiffslänge von 63 m, von Mitte Rohr zu Mitte Rohr gerechnet $3^1/_2$, oder nach Abzug ihrer eigenen Breite etwa $2^1/_2$ m weit voneinander ablagen, sodaß die an beiden Seiten der Kanonen stehenden Bedienungsmannschaften gerade genügend Platz für ihre freie Bewegung hatten, sonst aber den Raum ausfüllten.

Wenn wir uns in ein solches Schiff hineindenken, dann sehen wir lange niedrige Räume, welche mit Kanonen, Menschen, Kugeln, Handwaffen, mit Theilen der Masten, der Ankerspille, der Betings, mit Stützen für das jeweilige obere Deck, wenigstens an einer Seite, geradezu vollgestopft sind, denn die Menschen befinden sich alle an nur einer Seite, weil die Schiffe damals in der Regel nur mit einer solchen kämpften und hiernach ihre Besatzungsstärken bestimmt wurden. Sah sich aber ein Schiff vorübergehend nach beiden Seiten hin in das Gefecht verwickelt, dann mußte es seine Kanonen hierfür mit der halben Bedienungsmannschaft besetzen, worauf die Besatzungen auch in Friedenszeiten stets eingeübt wurden. Wir erkennen ohne Mühe, daß jede in solche Räume einschlagende Kugel mehrere Opfer finden muß, und wir denken mit Schaudern an die Verheerungen, welche eine volle Breitseite hier anrichten kann, wenn sie in das Heck oder in den Bug einschlägt, und ihre Kugeln, das Schiff enfilirend, alles niedermähen, was sie erreichen können. Ueberraschen wird es uns daher auch nicht, wenn wir hören, daß in der Schlacht von Trafalgar der englische Dreidecker „Royal Sovereign" dem spanischen Dreidecker „Santa Ana" mit einer Breitseite im Verlauf einiger Sekunden 400 Mann außer Gefecht setzte. Der Spanier wurde von seinem Heck aus auf die allergeringste Entfernung enfilirt, und der Engländer hatte vorher seine Kanonen mit je zwei Kugeln geladen, sodaß er mit einem Wurf nahezu 2000 kg Eisen in die „Santa Ana" schleuderte.

Zu einem richtigen Verständniß eines solchen Geschützkampfs bedürfen wir auch noch der Kenntniß, auf welche Art die Kanonen bedient wurden. Sie ruhten in hölzernen Blocklafetten und wurden mit jedem abgefeuerten Schuß durch den mit demselben verbundenen Rückstoß in das Schiff geschleudert, aber nur so weit, als das den Rücklauf hemmende sogenannte Brooktau es gestattete, und dies war gerade genügend, um das Geschütz bequem laden zu können. Danach wurde es von der Geschützmannschaft gewissermaßen mit einem Ruck wieder zu Bord in seine Schußlage gebracht, und die Lafette war so eingerichtet, daß sie vierkant, d. h. rechtwinkelig zur Bordwand in der Pforte stand, wenn sie mit ihrer Stirnwand fest an der erstern anlag. Schon während des Ladens wurde das Rohr auch horizontal gelegt, sodaß das Geschütz in dem Fall, wo die Schiffe Seite gegen

Alte Kanone.

Seite lagen, schußfertig war, sobald die Lafette gegen die Bordwand stieß; sonst in dem Augenblick, wenn der Schütze über Visir und Korn den Gegner sehen konnte. Hierbei müssen wir ferner noch beachten, daß die Batterien von Freund und Feind immer annähernd gleich hoch über Wasser lagen, die horizontal liegenden Kanonen also auf die angenommenen kurzen Entfernungen hin nicht weiter gerichtet zu werden brauchten, weil ihre Lage ihnen ja den größten Erfolg sicherte; sie zerstörten die Lafetten der fremden Kanonen und schossen den Menschen die Beine fort. Diese Erfahrung mußte auch die österreichische Fregatte „Schwarzenberg" im Mai 1864 in dem Seegefecht bei Helgoland machen, als ihr Kommandant und Geschwaderchef, ohne Rücksichtnahme auf die Geschwindigkeit der übrigen ihm unterstellten Schiffe, mit der einen Fregatte allein die drei dänischen Schiffe aus nächster Nähe angriff und mit ihnen nahezu eine halbe Stunde lang auf nur 400 Schritt Entfernung Seite gegen Seite lag. Auf „Schwarzenberg" waren in dieser kurzen Zeit, obgleich eigentlich nur Vollkugeln zur Verwendung kamen, die meisten Kanonen auf der Gefechtsseite unbrauchbar gemacht; der Verlust an Menschen betrug 31 Todte, 40 Schwerverwundete, und zwar meist Beinzerschmetterungen, und 22 Leichtverwundete.

Das Vorstehende spricht für sich selbst. Wir brauchen nach keiner weiteren Erklärung dafür zu suchen, daß Schnelligkeit des Geschützfeuers das A und O des alten Seekriegs war. Es kam weniger auf das Richten an, als wie auf das Schießen und zwar das Schießen auf Kernschußweite[1], weil die alten Kanonen auf große Entfernungen doch immer mehr durch Zufall trafen, wenn sie auch noch so gut gerichtet waren, denn sie schossen gar zu schlecht.[2] Aus dieser Grundbedingung,

---

[1] Unter Kernschußweite versteht man diejenige Entfernung, auf welche ein Geschütz keiner Elevation bedarf. Bei den alten glatten Kanonen lag sie innerhalb 500 Schritt.

[2] Ein hierfür in die Augen springendes Beispiel liefert uns das Gefecht zwischen der nordamerikanischen Korvette „Kearsarge" und dem conföderirten Freibeuter „Alabama", welches am 19. Juni 1864 vor dem Hafen von Cherbourg stattfand. Das erstere Schiff war für den Krieg gebaut, mit schweren, glatten Kanonen armirt, und hatte seine Seiten mit Ankerketten gepanzert. Das letztere, leicht gebaut und schwach armirt, sollte nur als Kaper dienen, unbewaffnete Kauffahrer erbeuten und sich nur im Nothfall mit einem richtigen Kriegsschiff messen; seine Hauptkraft war eine für damalige Zeiten außergewöhnliche Schnelligkeit. Die beiden Schiffe beschossen sich während der Dauer von 1¼ Stunde auf 600 bis 700 m Entfernung, während sie im Kreis umeinander herumdampften. Die „Alabama", einsehend, daß ihre Artillerie dem Gegner nichts anhaben konnte, versuchte wiederholt, diesen zu entern, doch ohne Erfolg, da „Kearsarge" sich nicht entern lassen wollte, sodaß die erstere das Gefecht schließlich abbrach und mit Dampf und Segel dem Hafen von Cherbourg zusteuerte. Während das Schiff nun bisher durch die von seinem Gegner abgegebenen 100 Schuß kaum nennenswerth gelitten hatte, wie es auch unter 120 Mann Besatzung nur 9 Todte und 21 Verwundete zählte, wogegen der Korvette Verlust nur 3 Verwundete betrug, sollte es nun durch einen einzigen Schuß auf größere Entfernung vernichtet werden. Die Korvette verfolgte den fliehenden Freibeuter noch, und hierbei traf eine ihrer 130-pfündigen Vollkugeln die leichtgebaute „Alabama" in der Weise, daß das Geschoß über Wasser

und zwar im Verein mit der richtigen Benutzung des Windes, entstand die Taktik damaliger Zeiten.

Wenn wir die untenstehende Skizze betrachten, dann sehen wir, daß die Flotte A bei Ostwind nur in den Linien a und b sich bewegen

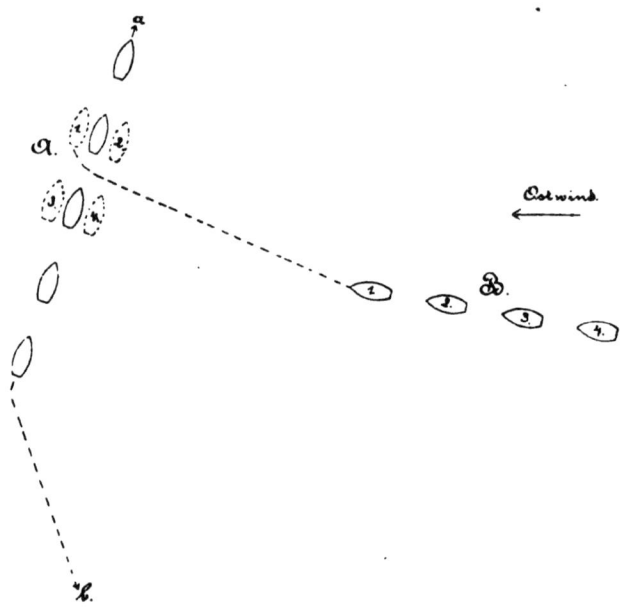

kann, wenn sie an den Feind B heran will, und zwar bei mäßigem Wind mit nicht mehr als 5 Knoten Fahrt. Die das Luv haltende Flotte B aber kann mit vollem Wind in ihre Segel mit 8—9 Knoten Fahrt auf die feindliche Linie steuern, kann sich die Stelle suchen, wo sie in beliebiger Formation dieselbe durchbrechen will, um nach rechts und links die gegnerischen Schiffe mit Breitseiten zu enfiliren, dann aufzudrehen, mit Ueberschuß an Fahrt an die zum Entern aus= ersehenen Schiffe des abgeschnittenen Theils des Feindes heranzu= laufen, ihnen dabei noch einige Breitseiten zu geben und dann dicht herandrängend die Enterhaken überzuwerfen und demnächst die En= terung zu versuchen. Zu solchem Schlagen gehörte allerdings auch,

---

in das Schiff eindrang, in seinem weitern Flug dessen Bordwand auch noch unter Wasser durchschlug und ein Leck herbeiführte, welches das Schiff nach Verlauf von zwanzig Minuten zum Sinken brachte.

daß der Kommandant während des Geschützkampfs gleichzeitig mit einem Theil seiner Mannschaft die Segel bediente, einige wegnahm oder hinzusetzte, bei der Jagd oder auf der Flucht weggeschossene Takelagetheile, Stängen, Raaen und Segel durch andere ersetzte. Zum Seekrieg waren daher nicht nur flinke Artilleristen erforderlich, sondern auch Matrosen, welche in der Takelage unter den schwierigsten Verhältnissen das Menschenmögliche, ja, man kann sagen, mehr als das leisteten; auch Enterer, welche in tollkühnem Muth ihren Weg auf das feindliche Schiff fanden und hierzu von der Takelage oder von dem Deck aus Sprünge machen und an den Schiffswänden Kletterwege zurücklegen mußten, welche in Friedenszeiten für unmöglich galten. Denn die Bauart der alten Linienschiffe brachte es mit sich, daß ihre Oberdecks immer noch 5 m weit auseinander lagen, wenn sie sich in der Wasserlinie berührten.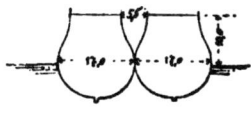

Die alten Seeleute waren in einer Person diese Artilleristen, Matrosen und Enterer, welche natürlich auch für die verschiedenen Aufgaben ausgebildet werden mußten. Das beste Ausbildungsmittel bot die Takelage, welche ja in Friedenszeiten eine ebenso hohe Bedeutung wie im Krieg hatte, denn von ihr hing die Sicherheit des Schiffs ab. Die Nothwendigkeit, die Takelage vollständig zu beherrschen, führte dann zu dem kernigen Segelexercitium, welches man in unserer Marine auch noch bis zum Anfang der achtziger Jahre fand, bei welchem es vor der Zeit des Dampfs auch nicht darauf ankam, wenn hin und wieder ein Menschenleben verloren ging, denn man gebrauchte nicht nur flinke und muthige, sondern auch tollkühne Männer. Hand in Hand mit der Ausbildung in der Takelage ging auch diejenige an den Kanonen, obgleich diese nicht viel Mühe machte, weil die Matrosen mit den letzteren bald spielend umsprangen und geradezu Erstaunliches im schnellen Feuer, im Geschütztransport und im Auswechseln beschädigter Theile leisteten. Was ein Laie vielleicht als das Schwierigste gehalten haben mag, entwickelte sich in einer richtig geleiteten Kriegsschiffsbesatzung von selbst, man hatte bald Menschen, welche, gewöhnt an kleine Verwundungen und das Ertragen großer körperlicher Schmerzen, wie die Löwen kämpften, solange sie überhaupt ihre Glieder gebrauchen konnten;

man hatte Männer, die in keinem andern Beruf ihres Gleichen fanden an Schnelligkeit, Lebensverachtung und tollkühnem Muth.

Der kommandirende Admiral mußte es demnach als seine Hauptaufgabe betrachten, der feindlichen Flotte das Luv abzugewinnen, um sich den bessern Wind für seinen Angriff zu sichern; danach konnte er noch diesen und dessen Form befehlen, das andere verblieb den einzelnen Kommandanten zu thun. Die Befähigung eines Admirals bestand daher darin, seine Schiffe seemännisch geschickt zum Angriff zu führen und vor dem Kampf seinen Kommandanten den richtigen Geist einzuhauchen und die Schiffe möglichst schlagfertig zu machen; war der Kampf aber erst entbrannt, dann blieb er auf die Führung seines eigenen Schiffs beschränkt.

Stellen wir nun der Vollkugel die Bombe oder Granate, wie wir das Geschoß fernerhin nennen wollen, gegenüber, so sehen wir einen kleinen schwarzen Körper vor uns, eine eiserne Hohlkugel von 21 cm Durchmesser, die in ihrem Hohlraum etwas über 1 kg Pulver birgt, mit welchem sie befähigt ist, als einzelnes Geschoß einem hölzernen Schiff schwerere Wunden zu schlagen als dies Hunderte von Vollkugeln zu thun vermögen, wenn ihre Zerstörungskraft gegen Menschen und Kanonen auch keine gar so große ist. Sie konnte wol, wenn sie gerade zwischen zwei Kanonen crepirte, 20 Mann und mehr außer Gefecht setzen, auch die Lafetten ernstlich beschädigen; aber hierin lag nicht ihre Hauptkraft, sondern sie warf den Feuerbrand in das Schiff und konnte dieses auch zu sofortigem Sinken bringen, wenn sie auf der Schußseite dicht über der Wasserlinie in der Bordwand sitzen blieb und dort crepirte, oder wenn sie oberhalb derselben in das Schiff eindrang, innerhalb desselben einen Bogen nach unten beschrieb und ihren Weg bis zur andern Bordwand unter der Wasserlinie fand, sich dort eingrub und nun erst zur Entzündung kam. In beiden Fällen konnte sie Löcher reißen, welche man mit den vorhandenen Hülfsmitteln nicht mehr verstopfen konnte und die einem Wasserstrom freie Bahn gaben, gegen welchen die Pumpen machtlos waren. Da aber bekanntlich die Bäume nicht in den Himmel wachsen, so traten auch hier mancherlei Umstände hinzu, welche die Gefahr erheblich einschränkten. Zunächst hatte man damals noch keinen Zünder, mit welchem es möglich war, das Geschoß in dem Augenblick des Einschlagens zum Crepiren zu bringen, der

Die alte Kugelgranate.

Zünder mußte daher bei allen Granaten für die weitesten Entfernungen eingerichtet sein; auf diese aber war die Treffsicherheit eine außerordentlich geringe, und auf nahe Entfernungen schlug das Geschoß in dem obern Theil des Schiffsrumpfs durch beide Wände hindurch; wenn es aber in dem Schiff liegen blieb, dann fand man immer noch Zeit, es über Bord zu werfen, oder den Zünder zu löschen, wie verschiedene Fälle solcher Heldenthaten bekannt geworden sind. Im allgemeinen hat die Kugelgranate keine Gelegenheit gefunden, im Schiffskampf eine maßgebende Feuerprobe zu bestehen, weil in ihre Zeit keine größeren Seekriege fallen. Nur im Krimkrieg wurde am 30. November 1853 bei Sinope die türkische Flotte durch die russische in kurzer Zeit mit Granaten vernichtet, und die verbündete englisch-französische Flotte lernte wiederholt die fürchterliche Gewalt dieser Geschosse, welche vom Land aus auf sie abgeschossen wurden, kennen. Im Jahr 1864 konnten wir bei Jasmund dieselbe Erfahrung machen, und eine bei dem Seegefecht bei Helgoland in der Takelage der österreichischen Fregatte „Schwarzenberg" zündende dänische Granate verursachte einen Brand, welcher dieses Schiff zwang, das Gefecht sofort abzubrechen, wenn es nicht durch Feuer untergehen wollte.

Wir kehren zu den Schiffen zurück und zwar zu den Dampfern, deren Armirung uns zu der Besprechung über die Geschoßwirkungen geführt hat.

Wie uns bereits gesagt worden ist, glaubte man in der Bombenkanone das geeignete Geschütz für diese Schiffe, welche anfänglich nur eine Oberdecksarmirung erhielten, gefunden zu haben; man gab ihnen 2 bis 4 solcher Kanonen. Erst später, nachdem die Schiffbautechnik weitere Fortschritte gemacht hatte, ging man dazu über, Dampffregatten mit einer Armirung bis zu 22 Kanonen zu bauen und ihnen auch noch schwerere Geschütze zu geben, welche bei einem Kaliber von 26 cm Granaten mit einer Sprengladung von $2^{1}/_{2}$ kg Pulver schossen. Ueber den Kriegswerth all dieser Dampfschiffe hat man indeß kein maßgebendes Urtheil gewonnen, weil, wie vorstehend schon angeführt, in jenen Zeiten keine Seeschlachten geschlagen worden sind, bei welchen ihr Werth hätte erprobt werden können. Und dann verdrängte auch bald die Schraube, mit welcher im Jahr 1836 der erste praktische Erfolg als Fortbewegungsmittel erzielt wurde, das Schaufelrad aus den Kriegsmarinen.

1840 hatte England die erste Schraubenfregatte; aber trotz der großen Vorzüge dieses Fortbewegungsmittels, welches dem Segelschiff keinen seiner Vorzüge nahm, ihm aber neue zuführte, wollte man doch noch nicht mit dem Bau von Dampflinienschiffen vorgehen, weil die Sache in jener Zeit dazu noch nicht reif war. Man darf nicht vergessen, daß die Maschine der Kriegsschiffe damals nur eine Hülfskraft war, welche zum Gefecht und in etwaigen Fällen der Noth in Gebrauch genommen wurde; sonst war die Schraube aus dem Wasser herausgeheißt, und das Schiff blieb Segler. Man legte für die Maschine weniger den Maßstab der Geschwindigkeit als den der Manövrirfähigkeit an. Die Schiffe mit den vielen Kanonen und den großen Menschenmassen konnten nur wenig Kohlen nehmen, weil der Raum in erster Reihe für den Proviant und namentlich für das Trinkwasser in Anspruch genommen wurde, denn man hatte damals noch keinen Apparat zur Herstellung desselben aus dem Seewasser. Der von der Maschine und den Kohlenvorräthen in Anspruch genommene Raum mußte, wenn diese Schiffe auch größer waren als die eigentlichen Segler mit gleicher Kanonenzahl, doch zum Theil anderen nothwendigen Einrichtungen entzogen werden, wenn die Abmessungen des Schiffs nicht zu große werden sollten. Und obgleich der Kohlenvorrath in Zahlen ausgedrückt ein verhältnißmäßig großer war, reichte er mit Vollbampf doch nur für 24 Stunden und mit Halbdampf für drei Tage aus. Wenn man dann noch erwägt, daß die Schiffe mit vollen Bunkern, d. h. mit ihrem vollen Kohlenvorrath in das Gefecht gehen mußten, um mit den Kohlen als Wall den Dampfkesseln erhöhten Schutz gegen feindliches Feuer zu geben, und um für alle Fälle, sowol für das Gefecht selbst, wie für die nach demselben nothwendig werdenden Maßnahmen ausreichend Feuerung zu haben, so liegt es auf der Hand, daß die Schiffe bis zum Sichten des Feindes sich mit ihrer Segelkraft behelfen mußten. Man konnte sich daher ein Linienschiff vorläufig noch nicht als Dampfschiff denken, das neben der Maschine mit ihrem Zubehör noch befähigt

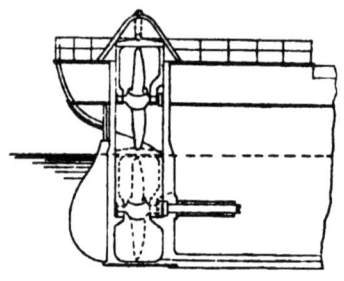

Aus dem Wasser geheißte Schraube.

blieb, den für 1000 Mann nothwendigen sechsmonatlichen Proviant im Gewicht von 300000 kg und den Wasservorrath für vier Monate in Höhe von mehr als 400000 Liter aufzunehmen. Der Rumpf desselben würde Verhältnisse angenommen haben, welche es unmöglich gemacht hätten, das Schiff unter Segel zu manövriren, weil man ihm keine genügend große Takelage hätte geben können. Aber mit der Zeit wurden die Hindernisse doch überwunden. Man fand neue Modelle für die Schraube, mit welchen größere Schiffsgeschwindigkeiten erzielt wurden; man verbesserte die Maschinen und Kessel in der Weise, daß sie weniger Platz beanspruchten und bei geringerem Kohlenverbrauch doch mehr leisteten; man gab dem Rumpf andere Linien, sodaß das Schiff bei größerem Raumgehalt mit der alten Takelage unter Segel doch dieselben Geschwindigkeiten erreichte, wie vor seiner Vergrößerung, und man fand, daß die größere Länge eines Schiffs von unwesentlichem Einfluß auf die Schnelligkeit war, wenn nur Breite und Tiefgang nicht zunahmen. 1848 wurde das erste Schraubenlinienschiff, ein Zweidecker, in Frankreich auf Stapel gesetzt. Diesem Vorgehen folgten die Engländer mit solchem Eifer, daß sie 1854 schon zwölf solcher Schiffe im Dienst hatten: zwei Dreidecker, der eine mit 130, der andere mit 120 Kanonen armirt, und zehn Zweidecker mit 70 bis 100 Kanonen.

Hiermit war der Gipfel des Holzschiffbaus erreicht, denn damals wurden schon Stimmen laut, welche den Bau großer Fregatten an Stelle der Linienschiffe anriethen. Jene Zeit bildet somit einen neuen Markstein in der Entwickelung der Kriegsmarinen, in welchen sich damals die folgenden Arten von Schiffen befanden:

Schrauben- und Segellinienschiffe; Dampffregatten und -Korvetten, theilweise mit Schraube, theilweise mit Schaufelrädern; Avisos und Kanonenboote, sowie Schwimmende Batterien.

Die Linienschiffe, welche als Zweidecker 3 und als Dreidecker 4 übereinander liegende Batterien hatten, führten 70—130 Kanonen. Diejenigen mit mehr als 70, aber nicht über 100 Kanonen und mit einer Besatzung von 620—900 Mann waren als Zweidecker construirt, diejenigen mit über 100 Kanonen und 950—1100 Mann Besatzung als Dreidecker. Die Schraubenfregatten mit zwei übereinanderliegenden Batterien führten 36—60 Kanonen mit 300—

450 Mann; die Korvetten, welche nur eine Oberdecksbatterie hatten, 20—32 Kanonen mit 150—250 Mann. Die Radbampf=Fregatten waren mit 8—22, die gleichen Korvetten mit 2—6 Kanonen armirt. Die Schwimmenden Batterien trugen besonders schweres Geschütz, zu dessen Aufnahme die Schiffe nicht geeignet waren; sie fanden gegen Landbefestigungen Verwendung und wurden an ihren Bestimmungsort geschleppt. Unser besonderes Interesse verdienen diese Schwimmenden Batterien insofern, als sie die ersten Fahrzeuge waren, bei welchen man den Eisenpanzer zur Anwendung brachte. Dies war im Krimkrieg, und da bald nachher richtige Panzerschiffe zur Wirklichkeit wurden, so kann man jene wol als die Vorläufer dieser betrachten.

Zwei Ursachen waren es, welche zunächst den Gedanken nahe legten, auf den Bau der großen Linienschiffe zu verzichten: die Wirkung der Granate in einem Schiffsrumpf und die Nothwendigkeit, die Schiffsgeschwindigkeiten zu erhöhen. Andere Umstände traten dann noch hinzu, welche die Umwälzung in dem Schiffbau beschleunigen halfen.

Wenn wir früher gehört haben, daß die Bombenkanonen vorzugsweise zur Armirung der Radbampfer Verwendung fanden, so hatte man jetzt, nach Umwandlung der Segelschiffe in Schraubendampfer, doch die Möglichkeit gefunden, auch diesen solche neben den Kugelkanonen zu geben, weil die Schiffe nunmehr den erforderlichen Raum hierzu boten, da der Rumpf eine Verlängerung von 12—16 m zur Aufnahme der Maschine erfahren hatte. Die hierdurch bedingte größere Tragfähigkeit genügte aber nur, das Mehrgewicht der Maschine und der Kohlen zu tragen, nicht aber dazu, mehr Kanonen und Menschen mit ihren weitern Bedürfnissen aufzunehmen. So konnte man die Geschütze weiter auseinander rücken, und gewann hiermit den Platz für die größeren Bombenkanonen, mit deren Einführung in die Artillerie der Linienschiffe wieder eine der bisherigen Grundbedingungen für den Seekrieg hinfällig wurde. Die Dampfkraft schloß die Enterung aus, solange des Gegners Maschine noch gebrauchsfähig war; die Granate machte es unwahrscheinlich, daß fürderhin der Kampf sich auf Pistolenschußweite abspielen würde.

Die Enterung gehörte der Vergangenheit an, weil die Maschine eines mit Volldampf arbeitenden Schiffs jede Enterkette, auch die stärkste, sprengen mußte; und wenn zwei Schiffe die ernste Absicht gehabt hätten, sich gegenseitig zu entern, dann lag immer die Gefahr nahe, daß das eine, sobald eine gewisse Zahl der fremden Enterer an seinem Bord waren, sich von dem andern losriß, die Eindringlinge leicht überwältigte und nun von neuem den Kampf mit dem geschwächten Gegner aufnahm. Die Einfügung der Granate in die Schiffsgeschosse mit ihrer verheerenden Wirkung in einem Holzschiff mußte das Temperament der kommandirenden Admirale dämpfen. Eine vor dem Wind laufende Flotte konnte nicht mehr nach ihrem Belieben die Linie einer am Wind liegenden kreuzen, durchbrechen und enfiliren, sondern der von dem Wind unabhängige Gegner konnte seine Kurslinie parallel mit der seines Feindes halten, und wenn dann beide ihre Artillerie bis zur Annäherung auf Kernschußweite schonten, mußten sie sich gegenseitig mit der ersten Breitseite annähernd und mit der zweiten vollständig vernichten. Auch hatte die Granate ebenfalls im Lauf der Zeit in ihrer Vervollkommnung Fortschritte gemacht, und Anfang der funfziger Jahre besaßen die Engländer schon einen Granatzünder, der das Geschoß in dem Augenblick des Einschlagens zur Explosion brachte.

Gegen die weitere Verwendung der Linienschiffe sprach dann noch ein anderer Grund. Der Schraubendampfer war befähigt, auch bei Windstille zu kämpfen, und hatte bei frischem Wind nicht mehr die Stütze der Segel, welche dem ältern Schiff auch bei höherem Seegang noch eine gewisse ruhige Lage gab; das Schiff, und namentlich eins mit so hohem Rumpf wie ihn die Linienschiffe hatten, war bei Windstille in der Dünung, wie bei frischem Wind in dem Seegang Schlingerbewegungen ausgesetzt, welche die nur etwa 2 m über dem Wasser liegende unterste Batterie der Linienschiffe außer Gefecht setzen und die Bedienung der übrigen Geschütze, sowie die Treffwahrscheinlichkeit ihrer Geschosse sehr beeinträchtigen mußten. Der Zwang, die Schiffsgeschwindigkeit zu erhöhen, trat auch ein, nachdem der Maschinenbau einen Aufschwung genommen hatte, welcher ein solches Ziel als erreichbar erscheinen ließ. War man vorher damit zufrieden gewesen, sein Schiff unabhängig von dem Wind manövriren zu können, so glaubte man jetzt, den größern Vortheil in der Schnelligkeit suchen zu müssen, weil der Schnellere den Gang des Kampfs bestimmen, diesen nach seinem Belieben aufnehmen oder abbrechen konnte. Mit der größern Schiffsgeschwindigkeit waren aber schwerere Maschinen, eine größere Zahl von Dampfkesseln und ein unverhältnißmäßig höherer Kohlenverbrauch verbunden, und da man ferner auch nicht mehr davon absehen konnte, die Schiffe durch größere Kohlenvorräthe zu befähigen, unabhängig von dem Wind weitere Strecken zurückzulegen, so mußte man nicht nur Schiffe mit größerem Raumgehalt zu Schlachtschiffen machen, sondern man war gezwungen, ihnen auch weniger Menschen, Kanonen und Vorräthe zu geben, damit sie die erforderlichen Kohlenmassen aufnehmen konnten. Diesen zwingenden Gründen verdanken die großen Fregatten, welche Anfang der funfziger Jahre in England, Frankreich und Amerika gebaut wurden, und bei welchen man gegenüber den Dreideckern allein an dem hölzernen Oberbau ein Gewicht von etwa 1000 Tonnen sparte, ihre Entstehung.

Es waren Schiffe bis zu 100 m lang, armirt mit 12—60 Kanonen, deren Mündungen 3—4 m über dem Wasser lagen, bemannt mit 500—700 Köpfen; sie hatten bei einem Raumgehalt, welcher dem der Linienschiffe gleichkam, nicht einmal die Hälfte der Kanonen und höchstens zwei Drittel der Besatzungsstärke eines solchen, waren aber im Stande, ihre sämmtlichen Geschütze gleichzeitig mit der vollen Mannschaft zu besetzen. Die Fregatten wurden zu Schlachtschiffen, und ihr früherer Dienst als Aviso wurde kleinen schnellen, besonders für den Zweck gebauten Dampfern übertragen.

Bis zum Ende der funfziger Jahre überboten sich nun die miteinander wetteifernden großen Seemächte in den verschiedensten Schiffsconstructionen. Es wurden große Fregatten und Korvetten mit stärkern und schwächern Maschinen, mit größern und kleinern Takelagen, mit stärkerer und schwächerer Artillerie, mit größerem und geringerem Kohlenvorrath gebaut, auch sah man hin und wieder ein neues Linienschiff auftauchen; daneben waren die Franzosen fleißig an der Arbeit, die Bedingungen für die Panzerung großer Schiffe zu suchen und zu finden.

Der 4. März 1858 ist der Geburtstag der Panzerschiffe, denn an diesem Tag traf in Toulon der Befehl ein, die erste Panzerfregatte auf Stapel zu setzen. Die Franzosen, welche auch das erste Schraubenlinienschiff gebaut hatten, übernahmen die Führung in dem Bau von Panzerschiffen. Die Engländer, gegen welche die damalige fieberhafte Thätigkeit in der französischen Marine hauptsächlich gerichtet war, mögen dieses Unternehmen mit Achselzucken belächelt haben; als dann aber bald darauf das gezogene Geschütz Eingang in die Schiffsartillerie fand, sahen sie sich doch gezwungen, dem Vorgehen der Franzosen zu folgen. Die Treffsicherheit der gezogenen Geschütze und die zuverlässige Entzündung ihrer Granaten in dem Augenblick des Einschlagens in das Ziel ließen keine Wahl; man mußte zu dem Bau von Panzerschiffen übergehen, nachdem die Möglichkeit hierzu dargethan war. Mit welcher Energie die verschiedenen Staaten auf diesem Weg nun vorgingen, wie die Panzerstärken und die Geschütze wuchsen, welche neue Erfindungen auf diesen und anderen Gebieten platzgriffen, kann hier nicht ausführlich besprochen werden, wir müssen uns mit einem ungefähren Ueberblick darüber begnügen, welche Aenderungen in der Größe und der Bauart der Schiffe in einzelnen Zeitabschnitten eintraten, wie die Panzerung zunahm und wie die Kanonen größer wurden; und dann wollen wir nur das eingehender kennen lernen, was heute vorhanden ist.

Ein alter Segeldreidecker von 62,5 m Länge, 15,46 m Breite, 16,76 m ganzer Höhe und 7,31 m Eintauchung in das Wasser (Tiefgang), mit 120 Kanonen armirt und mit 1000 Mann Besatzung hatte in vollausgerüstetem Zustand ein Gesammtgewicht von 5250 Tonnen[1] und kostete 2 300 000 Mark.

Ein neuerer Dampfdreidecker von 77,74 m Länge, 16,46 m Breite, 16,76 m ganzer Höhe und 7,31 m Tiefgang mit 130 Kanonen und 1100 Mann Besatzung hatte ein Gewicht von 7000 Tonnen und kostete 3 000 000 Mark.

Die amerikanische Korvette „Niagara" (1854)[2], 100 m lang, 16,70 m breit, mit 12 Kanonen und 750 Mann Besatzung hatte ein Gewicht von 5440 Tonnen.

Die englische Fregatte „Orlando" (1859), 91 m lang, 15,86 m breit, mit 40 Kanonen und 600 Mann hatte ein Gewicht von 5416 Tonnen.

Das erste englische Panzerschiff „Warrior" (1860) ist 116 m lang, 17,7 m breit; es hat eine ganze Höhe von 12,8 m und 8,2 m Tief-

---

[1] Die Tonne ist gleich 1000 kg.
[2] Die in Klammern beigefügten Zahlen bedeuten das Jahr des Stapellaufs des Schiffs.

gang, 32 Kanonen und 705 Mann Besatzung und wiegt 9210 Tonnen; es hat 7 000 000 Mark gekostet.

Unser Panzerschiff „König Wilhelm" (1868), 109 m lang, 18,5 m breit, 13 m hoch mit 8,4 m Tiefgang, 23 Kanonen und 730 Mann Besatzung wiegt 9567 Tonnen und hat 10 000 000 Mark gekostet.

Das italienische Panzerschiff „Duilio" (1876), 103 m lang, 19,87 breit, 11,5 hoch mit 8,3 m Tiefgang, 4 Kanonen und 420 Mann wiegt 11138 Tonnen und hat 14 000 000 Mark gekostet.

Das italienische Panzerschiff „Italia" (1880), welches auch heute noch als das größte Schiff gelten kann, 122 m lang, 22,2 m breit, 15 m hoch mit 9,2 m Tiefgang, 12 Kanonen und 664 Mann, wiegt 13851 Tonnen und hat 20 000 000 Mark gekostet.

Die Panzerstärke des „Warrior" beträgt 114, die des „König Wilhelm" betrug damals 205 und beträgt jetzt nach einem Umbau 305, die des „Duilio" 550 und die der „Italia" 480 mm. Mitte der siebziger Jahre hatten die Engländer einigen Schiffen schon einen Panzer von 610 mm gegeben, ohne indeß für die Folge an dieser Stärke festzuhalten.

Die Maschine eines Dreideckers mit 4000 Pferdekräften gab dem Schiff eine Geschwindigkeit von 12 Knoten; die der „Niagara" mit 1955 Pferdekräften ergab 10,9 Knoten; die des „Orlando" mit 3617 Pf.-Kr. 13 Knoten; die des „Warrior" mit 5270 Pf.-Kr. 14,4 Knoten; die des „König Wilhelm" mit 8350 Pf.-Kr. 14,7; die des „Duilio" mit 7700 Pf.-Kr. 16 Knoten; die der „Italia" mit 18 000 Pf.-Kr. 18 Knoten; jetzt hat man schon Maschinen von über 20 000 Pferde= kräften.

Das Gewicht der gesammten Artillerie mit Munition betrug bei dem Segeldreidecker von 120 Kanonen 487 Tonnen; bei dem Dampf= dreidecker von 130 Kanonen 526 Tonnen; es beträgt bei den 32 Ka= nonen des „Warrior" 690, bei den 23 des „König Wilhelm" 765, bei den 4 des „Duilio" 1000 und bei den 4 großen und 8 kleinen Kanonen der „Italia" 1150 Tonnen.

Im Jahre 1860 war der Seelendurchmesser der größten gezogenen Kanonen 16 cm, im Jahre 1870 27 cm, 1880 31,75 cm und 1890 43 cm. Das 16 cm=Rohr wiegt 3,64 Tonnen, das 27 cm=Rohr 21, das 31,75 cm=Rohr 38 und das 43 cm=Rohr 105 Tonnen.

Aus dem 16 cm-Rohr wird mit 3,5 kg Pulv. ein Geschoß von 31,5 kg
„ „ 27   „   „   „   „ 36   „   „   „   „   „ 216 „
„ „ 31,75 „ „   „   „ 95,3 „   „   „   „   „ 367 „
„ „ 43   „   „   „   „ „408 „   „   „   „   „ 907 „
geschossen. Unsere größte Kanone ist vorläufig noch die mit einem Seelendurchmesser von 30,5 cm, welche mit 92 kg Pulver ein Geschoß von 325 kg Gewicht wirft; ihr Rohrgewicht beträgt 35,9 Tonnen.

Hier mag noch erwähnt werden, daß schließlich die an den Panzer und an die Schiffsgeschwindigkeit gestellten hohen Anforderungen dazu führten, von einer Betakelung der Schlachtschiffe abzusehen, weil sie unter Segel doch nicht mehr manövrirfähig waren und das Takelwerk im Gefecht nur schaden, im Frieden dem Schiff aber nichts mehr nützen konnte. Auch verwendete man bald, nachdem die Nothwendigkeit der Schiffspanzerung nicht mehr anzuzweifeln war und diese sich über den ganzen Theil der Wasserlinie, wo Geschosse ernstlichen Schaden anrichten konnten, erstreckte, für die gepanzerten Schiffe nur noch Eisen als Baumaterial, weil mit diesem der Rumpf leichter und der ganze Bau nicht nur fester und dauerhafter, sondern auch billiger wurde. Ein weiterer Vortheil der Eisenconstruction ist, daß die in einem eisernen Schiff crepirenden Granaten sehr viel schwerer eine von ernsteren Folgen begleitete Feuersgefahr herbeizuführen vermögen.

Wir wollen nun zu den im Seekrieg auftretenden Schiffen und Fahrzeugen, wie sie sich uns heute darstellen, übergehen und unsere bezügliche Betrachtung mit den Panzerschiffen beginnen.

2. Panzerschiffe.

Allgemeines.

Der Kern der Macht einer Marine liegt in den großen Panzer=
schiffen, welche als die eigentlichen Schlachtschiffe die sämmtlichen im
Seekrieg vorkommenden Waffen auf das Schlachtfeld tragen. Auch
ist das Schiff selbst die furchtbarste Waffe, wenn sein Sporn unter
günstigen Verhältnissen zur Thätigkeit kommt, weil dieser eine Arbeit
von solch vernichtender Gewalt verrichtet, wie sie weder die Kanone,
noch der Torpedo, noch die im Küstenkrieg vorkommende Seemine
liefern kann. Den Gefechtswerth der verschiedenen Waffen wollen wir
hier aber noch nicht gegeneinander abwägen, sondern uns vorläufig
damit begnügen, die Schiffe selbst und ihre Kampfmittel kennen zu
lernen.

Der Panzerschiffe gibt es zur Zeit so viele verschiedene Arten,
daß eine eingehende Beschreibung aller eine gesonderte Arbeit erfordern
würde, und diese müßte wieder eine solche Fülle technischer Einzel=
heiten enthalten, daß sie nur dem Fachmann verständlich sein würde,
welcher den Gegenstand ja ohnedies beherrscht. Wir können uns daher
hier auf den Grundplan, nach welchem alle Panzerschiffe gebaut sind,
beschränken, weil die Vielseitigkeit in den Modellen dieser Schiffe,
welche sämmtlich dem gleichen Zweck dienen, nicht auf ihrer verschie=
denen Verwendungsart beruht, sondern darin, daß die immer schwerer
werdenden Geschütze und größer werdenden Panzerstärken fortgesetzt
andere Gewichtsvertheilungen und andere Aufstellungsarten der Kanonen
nothwendig machten. Man kann aber unmöglich die älteren Schiffe,
von welchen zehn einen Geldwerth von 100 Millionen Mark dar=

stellen, als altes Eisen wegwerfen, da sie, wenn auch minderwerthiger als die neuesten Constructionen, doch einer großen Zahl der in andern Marinen vorkommenden noch immer gleichwerthig sind. So befanden sich beispielsweise unter den englischen Schiffen, welche im Jahr 1889 auf der Rhede von Spithead vor unserm Kaiser in Parade standen, bei welcher Gelegenheit die Zeitungen jenseit des Kanals so wegwerfend von unsern ebenfalls dort anwesenden besten Schiffen sprachen, alle die, welche seit Beginn der Panzerzeit gebaut worden sind, und von diesen weisen ein gut Theil bei gleichen Panzerstärken schwächere Armirungen und Maschinenleistungen auf, als unsere alten Panzerfregatten „Kronprinz" und „Friedrich Karl", welche wir nicht mehr als Schlachtschiffe betrachten. Die Engländer haben ja unbestritten auch neuere und bessere Schiffe, als wir zeigen konnten; dies liegt aber neben andern Gründen mit darin, daß bei uns die achtziger Jahre leider fast ganz dem kleinen Torpedoboot [1] gewidmet waren, welchem von den jüngern Seeoffizieren und den Nichtfachleuten die Herrschaft der Meere zugesprochen wurde, während die ältern und wol erfahrenern Offiziere aller Marinen in der Mehrzahl diesen kleinen gebrechlichen Fahrzeugen eine untergeordnete Rolle zuweisen und dem Torpedo nur als Waffe der großen Schiffe eine höhere Bedeutung beilegen. Neben den Torpedobooten wurden aber in jener Zeit bei uns nur Fahrzeuge für die Küstenvertheidigung in Bau gegeben. Immerhin sind unsere Schiffe kriegstüchtiger als viele englische der neueren, wenn auch nicht der neuesten Zeit.

---

[1] Nach dem Reichshaushalts-Etat für die Marine sind in den Jahren 1882 bis 1890 43 Millionen Mark für Torpedozwecke verausgabt worden, ohne die Summen, welche die Hafenbauten für Torpedoboote beansprucht haben. Zu diesen 43 Millionen kann man aus dem Etat der Werften noch 8 bis 10 Millionen und annähernd die gleiche Summe aus dem Indiensthaltungsfonds rechnen. Im ganzen sind also in acht Jahren für eine Waffe, deren Werth noch keineswegs erprobt ist und gleich Null wird, wenn es in einigen Jahren gelingen sollte, den Rumpf der Schiffe in genügender Dicke aus Aluminium herzustellen, mindestens 60 Millionen Mark, von welchen auf das Jahr 1884/85 allein etwa 24 Millionen entfallen, verausgabt worden, während man mit provisorischen Gebäuden und Hafenbauten und mit größerer Schonung des Materials in der Weise, daß nicht immer die neuesten Torpedoboote im Friedensdienst aufgebraucht wurden, vielleicht mit 30 Millionen dasselbe hätte schaffen können und dann 30 Millionen zum Bau dauerhafter Panzerschiffe verfügbar geblieben wären.

2. Panzerschiffe.

Der mit diesen fortlaufenden Neuconstructionen verbundene größere Nachtheil für die Kriegstüchtigkeit einer Flotte liegt indeß weniger in dem verschiedenen Gefechtswerth der einzelnen Schiffe, als darin, daß man sie wegen ungleicher Schnelligkeit und Manövrirfähigkeit nur schwer taktisch zusammenfassen kann.

Das Panzerschiff ist ein eisernes Gebäude, das den Panzer, die Kanonen und die Maschine nebst Kohlen, sowie die innern baulichen Einrichtungen, welche es gegen Wassersgefahr schützen sollen, zu tragen hat, Gewichte, neben welchen die der Menschen, der zugehörigen Vorräthe und der sonstigen Waffen so sehr verschwinden, daß wir sie vorläufig ganz außer Betracht lassen können. Dieses Gebäude soll aber auch eine vorher bestimmte Lage im Wasser einnehmen und es soll äußere Formen haben, welche den verschiedensten Anforderungen genügen müssen. Die Maschine soll dem Schiff eine bestimmte Schnelligkeit verleihen, mit Hülfe des Ruders soll es kurze Drehungen machen, in der höchsten See soll es gefahrlos seinen Weg verfolgen und womöglich auch noch seine Artillerie gebrauchen können. Auch soll schließlich die Aufstellung bezw. Vertheilung der Kanonen so angeordnet sein, daß sie nach allen Seiten die größtmögliche Wirkung zu entwickeln vermögen. All diesen Anforderungen gerecht zu werden, ist außerordentlich schwer, und nur derjenige, welcher sich mit diesen Fragen näher beschäftigt hat, vermag zu ermessen, welche Summe von Kenntnissen, Fleiß und genialer Veranlagung erforderlich ist, um mit Hülfe einer Unmasse von Zahlen und Zeichnungen brauchbare Baupläne mit den erforderlichen Kostenanschlägen für solch ein Werk herzustellen. Im allgemeinen ist es ja nicht so schwer, die Pläne zu einem schwimmfähigen Fahrzeug, das ein bestimmtes Gewicht an Panzer, Kanonen, Maschine und Kohlen tragen kann, zu entwerfen. Die Linien für ein solches Schiff sind ungefähr bekannt, auch weiß man, welche Maschinenkraft ein Schiff von bestimmter Größe erhalten und welche Geschwindigkeit es mit dieser annähernd erreichen kann; hiermit ist die Aufgabe aber noch nicht gelöst. Die militärisch-seemännische Oberleitung stellt Forderungen an Panzerstärke, Geschwindigkeit, Kohlenmenge und Armirung, welche der Baumeister gar nicht erfüllen kann, und nun beginnt die schwere Arbeit. Um annähernd die gestellten Forderungen befriedigen zu können, müssen die Geschütze sämmtlich oder gruppenweise möglichst

zusammengerückt werden, damit der starke Panzer auf den geringst=
möglichen Raum beschränkt wird; hierdurch werden aber wieder die
Seeeigenschaften des Schiffs beeinflußt und um diese auszugleichen,
muß der Rumpf länger und breiter werden. Hiermit wächst das Ge=
wicht des ganzen Schiffs wieder und die Rechnung muß von neuem
beginnen. Nun reicht die Maschine nicht mehr für die vorgeschriebene
Geschwindigkeit aus, und die größere Maschine verbraucht wieder
so viel mehr Kohlen, daß die dafür vorgesehenen Räume zu klein sind
und mit dem größern Kohlenvorrath womöglich wieder eine Verschiebung
des Panzers oder eine andere Vertheilung der Kanonen erforderlich
wird. Dabei muß das Schiff eine Stabilität haben, welche es gegen
das Kentern schützt, und sein Obergewicht muß doch so groß sein, daß
es nicht heftig hin und her pendelt, sondern langsam und weich schlin=
gert, damit unter allen Umständen die Kanonen auch bei hohem See=
gang bedient werden können. So kommt es, daß man in den Marinen
die verschiedensten Schiffstypen mit den abweichendsten Panzerungsarten
findet, wo in dem einen Fall die Kanonen vorn stehen und die Ma=
schine sich hinten befindet, in dem andern Fall das Umgekehrte zu
sehen ist und wieder in einem andern die Kanonen zur Hälfte vorn,
zur Hälfte hinten, oder zusammengefaßt in der Mitte liegen. Wir
sehen Batterie=, Kasematt=, Thurmschiffe und Abarten von diesen.

Hat der Baumeister das Schiff in den Hauptzügen endlich fertig
entworfen, dann beginnt, auch wenn er für den Tiefgang und die
richtige Lage seines Bauwerks im Wasser die in allen Theilen und
Winkeln vermuthlich noch hinzutretenden Gewichte bei seiner Rechnung
berücksichtigt hat, wie dies ja selbstverständlich ist, doch noch eine ge=
radezu ungeheure Arbeit. Das ganze Schiff ist nicht nur in die
verschiedenen Decks und Vorrathsräume getheilt, sondern auch in eine
große Zahl von Zellen und wasserdichten Abtheilungen, damit Be=
schädigungen seines Rumpfs, auch größere Lecks wie sie Torpedos
und Minen hervorzubringen vermögen, ihm keine ernstliche Gefahr
bringen können. Diese vielen kleinen eisernen Wandungen, die hun=
derttausende Nietköpfe, die kleinen Strebepfeiler und kleinen Verbin=
dungsstücke, die großen Verbandstücke für den ganzen Bau, welche ihm
so viel starre Festigkeit geben sollen, daß er sich trotz des schweren
Panzers in der höchsten See um keines Haares Breite lockern kann;

die vielen kleinen Maschinen für elektrische Beleuchtung, zum Lichten der Anker, zum Aus= und Einsetzen der Boote, für den Munitionstransport, zum Ventiliren der unteren Räume, für das Ruder, zum Heben schwerer Lasten; der Destillirapparat, die Feuerlösch= und Torpedoeinrichtungen; die Vorrichtungen zum Oeffnen und Schließen der Schleusen und wasserdichten Thüren und alles dasjenige, was für die Unterbringung der Menschen erforderlich ist, bedeuten in ihrer Summe so erhebliche Gewichte, daß jedes Ding, sogar jeder der Hunderttausende der Nietköpfe, auf sein Gewicht geprüft, jede Sache auf das geringste Maß gebracht werden muß, und es sogar von Bedeutung ist, ob die Ränder der dünnen eisernen Platten fein oder grob abgehobelt sind. Hierdurch sollen Hunderte und Tausende von Centnern Gewicht gespart werden, um das Schiff zu erleichtern, damit seine Schnelligkeit und seine Manövrirfähigkeit erhöht, seine Seeeigenschaften verbessert werden. Durch Sorglosigkeit in dieser Richtung sind in der ersten Zeit des Panzerbaus die Schiffe oft bis zu 1 m tiefer gefallen, als sie sollten, und durch nachträglichen Ausbau unserer Panzerschiffe der Sachsen=Klasse und Einbau vielleicht überflüssiger Maschinen und Einrichtungen in dieselben haben diese einen so viel größern Tiefgang erhalten, daß sie jetzt mit voller Dampfkraft statt wie früher 14, nur noch 12 Knoten laufen.

Welche Gewichte bei einem Panzerschiff in Frage kommen, können wir an jedem einzelnen lernen; ich will, da mir die Zahlen gerade zur Hand sind, das englische Panzerthurmschiff „Fury" herausgreifen. Das fertig ausgerüstete Schiff wiegt 11 000 Tonnen; hiervon entfallen auf den Rumpf ohne Panzer und ohne Ausrüstung 3800, auf den Panzer 3300, auf die Maschine 1450 und auf die Kohlen 1500 Tonnen, die gesammte Artillerie (Kanonen und Munition) wiegt 530 Tonnen und für die Menschen und sonstige Vorräthe u. s. w. wird annähernd das gleiche Gewicht gerechnet.

Zu den in der großen Mehrzahl berechtigten Forderungen für den Bau treten dann aber noch eine Unsumme unberechtigter der Seeoffiziere, welche den Constructeur, namentlich wenn es sich um Aenderungen an einem bereits fertigen Schiff handelt, nahezu zur Verzweiflung bringen können, da sie für ihn eine wahre Sisyphos= Arbeit darstellen. Der Seeoffizier von heute fragt nicht, ob seine

Wünsche berechtigt sind, ob die Ausführung wirklich nothwendig ist und ob sie auch nur annähernd in einem richtigen Verhältniß zu den Kosten und zu den mit der Einführung verknüpften Unbequemlichkeiten für andere Menschen stehen. In der einen oder andern Marine ist eine Einrichtung getroffen worden, welche den Seeoffizieren ein menschenwürdigeres Leben gewährt, wie der beliebte Ausdruck lautet; nun müssen wir es auch haben, ohne Rücksicht auf die Kosten und auf die möglicherweise daraus hervorgehenden Nachtheile für das Schiff. Der Seeoffizier ist eben auch von dem Streben der Jetztzeit nach Luxus und Bequemlichkeit angesteckt und es scheint fast, daß diese Neigung bei uns in einem ursächlichen Zusammenhang mit der Uebernahme der Seeartillerie in die Marine und mit der Einrichtung der Marine-Akademie steht, wie die verschiedenen Schulen für die Unteroffiziere ja wol auch dazu beitragen, daß deren Ansprüche in unberechtigter Weise dauernd wachsen. Die zur Seeartillerie kommandirten Seeoffiziere verbleiben mehrere Jahre hintereinander an Land und finden, daß das Leben eines Landoffiziers in einer Festung doch sehr viel bequemer, als dasjenige eines Wachoffiziers auf dem Schiff ist, und die Akademiker lernen so viel von Anatomie, Zoologie, Botanik, Nationalökonomie, Hafenbau, Kriegswissenschaften, dem höheren Schiff- und Maschinenbau, auch von anderen ihnen wirklich nützlichen Dingen, daß sie in eine andere geistige Welt versetzt werden und gar leicht dazu kommen können, zu vergessen, daß sie sich an Bord eigentlich im Lagerleben befinden. Es ist nichts Außergewöhnliches, daß zwei Kommandanten verschiedener Schiffe bei ihrer ersten Begegnung sich als eine der ersten Fragen die stellen: Wieviel Personen können Sie setzen? und sich dann über die Vor- und Nachtheile ihrer Kajüten unterhalten. Früher erkundigten sie sich in erster Reihe nach der Fertigkeit ihrer Besatzungen im Segelexercitium und erzählten sich danach von kühnen und besonders bemerkenswerthen Schiffsmanövern.

Auch der Umstand, daß die größeren Schiffe kaum noch einzeln, sondern immer im Geschwaderverband fahren und daß man Panzerschiffe in das Schulgeschwader einstellt, mag dazu beitragen, die Neigung der Seeoffiziere zu geselligem Leben auf dem Schiff mehr auszubilden, als es vielleicht für die Sache gut ist. Auf dem für das Ausland bestimmten Schiff muß der Kommandant ja Räume haben, um seiner Repräsentationspflicht genügen zu können; auf dem Panzerschiff aber, welches in unserer Marine nur für den Krieg bestimmt sein kann, bedarf er derselben nicht. Allerdings stellen wir seit einigen Jahren unsere besten Panzerschiffe in das Schulgeschwader ein, doch wird dies keine dauernde Einrichtung bleiben. Es ist ein Versuch, der einmal gemacht werden mußte, um zu der Einsicht zu gelangen, daß für solche Zwecke die Panzerschiffe sich nicht eignen. Wenn wir aus besondern Gründen Schiffe für den Winter in das Mittelmeer schicken müssen, dann genügen nicht nur Kreuzerfregatten, sondern sie sind hierzu besser, weil sie, wenn erforderlich, leicht auch nach anderen Welttheilen entsendet werden können und den Offizieren und Besatzungen die Möglichkeit weiterer Ausbildung gewähren, was auf dem Panzerschiff ohne Takelage nicht der Fall ist. Alles das, was das Personal auf diesem erlernen kann, hat es schon während der Sommermonate in den heimischen Gewässern gelernt. Außerdem liegt bei der Entsendung der Panzerschiffe die Gefahr nahe, daß bei dem plötzlichen Ausbruch eines Kriegs nahezu die Hälfte unserer Schlachtschiffe im Mittelmeer festgenagelt ist, und wenn diese sich dann auch mit den Flotten unserer Verbündeten vereinigen können, so fehlen sie doch uns zum Schutz der vaterländischen Küste, wozu sie bestimmt sein sollen. Schließlich aber würde es sich, wenn unsere Panzerschiffe fünf Jahre und länger dauernd im Dienst gewesen sein sollten, bei einem ausbrechenden Krieg zeigen, daß sie nicht mehr schlagfertig sind: die Dampfkessel sind so verbraucht, daß sie nicht mehr vollen Dampfdruck halten können; die Condensatoren arbeiten nicht mehr ausreichend; die verschiedenen Lager in der Maschine sind ausgeleiert und andere Theile verbraucht; die Lafetten und Geschützbettungen sind durch das viele Exerciren nicht mehr normal u. s. w. Die schweren Schiffe bei den größeren Reisen der Einwirkung hohen Seegangs unnöthig auszusetzen, kann auch nicht zu ihrem Nutzen dienen, denn mit der Zeit leiden ihre Verbände doch unter den anhaltenden heftigen Bewegungen. Die Engländer, Franzosen, Italiener und Oesterreicher haben allerdings im Mittelmeer dauernd große Panzergeschwader im Dienst, doch sie sind dort zu Hause und befinden sich anhaltend in einem gewissen gegenseitigen Kriegszustand; sie müssen ihre Schiffe hier zur Stelle haben, fahren mit diesen aber nicht von Ort zu Ort, sondern liegen meist still auf der Wacht in einem gegen Seegang geschützten Hafen. Meines Wissens werden in keiner Marine die Schiffe so übermäßig angestrengt, wie bei uns, und wir konnten dies bislang auch nur deshalb ohne äußerlich bemerkbaren Schaden durchführen, weil wir ein so unvergleichlich gutes und sorgsames Personal haben.

Zu dem Wachsen derartiger Ansprüche haben wol auch die vielen Indiensthaltungen während der Wintermonate beigetragen, die sich in dem letzten Jahrzehnt — ob berechtigt oder unberechtigt mag dahingestellt bleiben — entwickelt haben, denn ein solches Schiff ist nur eine schwimmende Kaserne, und der Offizier erhebt hier dieselben Ansprüche, wie er sie in einer solchen am Land stellen darf; der Unteroffizier beansprucht sein Casino und verbraucht in demselben leicht sein ganzes Monatsgehalt für Bier. Von diesen Schiffen übertragen sich die für das Winterlager bewilligten Vergünstigungen leicht auf die andern und werden zu dauernden Einrichtungen. Die persönlichen Ansprüche der Seeoffiziere sind in den letzten 20 Jahren, während welchen sich die Marine hauptsächlich unter der Oberleitung von Nichtfachleuten befand, meines Erachtens über das erlaubte Maß gewachsen. In jenen Zeiten glaubte man nur mit den jüngeren Seeoffizieren rechnen zu müssen, weil man die jeweilig älteren nicht recht als Offiziere sondern nur als Seeleute ansah, die kein Verständniß für die wirklichen Bedürfnisse einer Kriegsmarine haben sollten. Den Gipfel des Entgegenkommens fanden die Offiziere Mitte der achtziger Jahre, wo man ihnen aus Staatsmitteln viele Gegenstände lieferte, welche vordem zu ihrer persönlichen Ausrüstung gehört hatten. Es liegt mir fern, mit meiner Betrachtung irgendeiner Person nahetreten zu wollen; die Behörden haben gewiß stets nach bestem Wissen gehandelt, und die Marine verdankt dem Regime Stosch so unendlich viel, daß einzelne Anordnungen, welche vielleicht schädlich gewirkt haben, ganz in den Hintergrund treten, zumal das geschaffene Gute bleibt und die kleinen ungesunden Wucherungen leicht ausgeschnitten werden können. Man wird nun vielleicht fragen, warum ich diese Sachen hier anführe, hier bei den Panzerschiffen, wo sie gewiß nicht hingehören. Meine Antwort lautet, daß ich dem Seeoffizier zeigen will, welches Interesse er persönlich daran hat, sich in seinen Ansprüchen zu bescheiden und für den Staat sparsam zu sein, und ich erörtere die Sache hier, weil ich für sie keinen besondern Abschnitt schaffen will, sie also an irgendeiner Stelle Platz finden kann. Ich will dem Seeoffizier vorstellen, daß er zwischen seiner Stellung und derjenigen eines Armeeoffiziers keine Parallele ziehen kann, daß alle Bequemlichkeiten, welche der letztere sich in seinem Heim schafft, mit seinen eigenen Mitteln bezahlt werden, und alle Ausgaben, welche für die Schiffe erforderlich werden, aus dem Werftfonds kommen; daß alles, was für die Messen und Kammern geschieht, den Schiffen entzogen wird, und daß es für ihn von größerer Bedeutung ist, wenn die Zahl der Panzerschiffe wächst, als wenn er Bequemlichkeiten findet, die man früher nicht kannte und die er jetzt nicht vermißt, wenn er sie nicht hat. Je größer die Zahl der Schiffe, je stärker das wehrkräftige schwimmende Material ist, desto eher werden diejenigen, welche überhaupt berufen sind, führende Stellen einzunehmen, in diese gelangen und es dann leicht verschmerzen, daß sie vordem in Räumen gewohnt haben, welche mehr dem Charakter eines Kriegsschiffs, als dem des Salons eines reichen Mannes entsprachen. Ich will den Uebergang zur früheren Einfachheit fördern helfen, wenn er von maßgebender Stelle geplant werden sollte, denn das gedruckte Wort ist wirkungsvoller als das gesprochene oder geschriebene, es bleibt bestehen und findet schließlich doch seinen Weg in das Herz des deutschen Offiziers, dessen Patriotismus über jeden Zweifel erhaben ist. Die Behörde kann nur anordnen, aber nicht entschuldigende Gründe für ihre Anordnungen geben, sie erregt daher leicht Mismuth, welcher erst gar nicht zur Entwickelung kommen kann, wenn ein für die Sache warm empfindender Unbetheiligter vorher die Wege etwas geebnet hat, wofür er wahrscheinlich keinen Dank ernten wird. Ich bin darauf vorbereitet, daß man meine Anschauungen von maßgebender Stelle aus als irrige bezeichnet. Wenn es geschehen sollte, dann werde ich dies geduldig ertragen, ohne meine Ansichten als die richtigen vertheidigen zu wollen. Ich habe geglaubt, der Marine nützen zu können, und werde mich mit diesem Bewußtsein begnügen. Ich will mich daher auch nicht mit den einzelnen Gegenständen, welche in Frage kommen können, eingehender beschäftigen, muß aber doch, damit die der Sache ferner Stehenden nicht etwa zu dem Glauben verleitet werden, es handle sich um mißbräuchliche Vergünstigungen, einige Beispiele und zwar solche, über die sich gewiß streiten läßt, anführen.

Da ist zunächst die Dampfheizung. Um der Mannschaft, welche früher in ungeheizten Räumen leben mußte und später eiserne Oefen erhielt, die der Gesundheit nachtheilig waren und auch die Möglichkeit einer Feuersgefahr näher rückten, gesunde Wohnräume zu schaffen, wurde die Dampfheizung eingeführt. Es lag nun allerdings nahe, daß die Offiziere diese Annehmlichkeit auch für sich beanspruchten, obgleich eine Nothwendigkeit hierfür nicht gegeben war. Wer die Kosten und das Gewicht dieser vergrößerten Anlage gegen den Nutzen abwägt, wird finden, daß es besser wäre, die Dampfheizung auf die nothwendigen Räume zu beschränken.

Mehr in die Augen springend ist die elektrische Beleuchtung. Diese ist auf den großen Panzerschiffen neuester Bauart und auf einzelnen neuen Avisos, wo in die unteren, auch in die von Mannschaften bewohnten Räume nie ein Strahl des Tageslichts bringt, gewiß nothwendig, weil hier am Tage stets Licht brennen muß; sie ist aber überflüssig auf den Kreuzerfregatten, auf den meisten Avisos und in den Wohnräumen der Kommandanten, Offiziere u. s. w. aller Schiffe. Man kann allerdings sagen, daß überall da, wo das elektrische Licht zur Anwendung kommt, dieses auch in alle Räume geleitet werden kann; dies ist richtig und doch wieder falsch. Zunächst verbraucht das elektrische Licht zu viel Kohlen, nämlich mit einer Dynamomaschine etwa 100 kg in der Stunde, also 2400 kg in 24 Stunden. Dies macht für die Kreuzerfregatten und Avisos bei längeren Seereisen in 20 Tagen bei 12 Stunden Nacht schon 24 Tonnen oder das Brennmaterial für 24 Stunden gewöhnlicher Fahrt aus. Und wenn wir von dem Kostenpunkt ganz absehen, welcher wahrscheinlich dadurch einen annähernden Ausgleich findet, daß auf den Schiffen mit elektrischer Beleuchtung das für die Messen und einzelne Personen täglich 75 Pf. bis 1 M. 50 betragende Lichtgeld nicht zur Auszahlung gelangt, so erfahren die Schiffe doch eine bemerkenswerthe Einbuße in ihrer Bewegungsfähigkeit. Von größerem Einfluß ist schon, daß auf denjenigen elektrisch beleuchteten Schiffen, wo sich diese Beleuchtung auch auf die Offizierswohnräume ausdehnt, die Dynamomaschine während der ganzen Nacht in Betrieb bleiben muß, weil es menschlich ist, daß Admiral, Kommandant und Offiziere das Recht beanspruchen, jederzeit durch einen einfachen Handgriff sich Licht zu verschaffen, während sonst auf den nicht im Manöver befindlichen Schiffen die Maschine abends 9 Uhr zum Stillstand gebracht werden könnte, weil Stearinkerzen und Lampen für den Nachtdienst im Hafen, und hier befinden sich die Schiffe die meiste Zeit, genügen. Und die Folge hiervon würde sein, daß Menschen, welche sonst während der Nacht die Beleuchtungsmaschine bedienen müssen, schlafen könnten, daß die in der Nähe der Maschine schlafenden Menschen nicht in ihrer Nachtruhe gestört und die, alle Schiffsbewohner nervös machenden Erschütterungen des ganzen Schiffsrumpfs wenigstens zeitweise aufhören würden. Diese beiden Beispiele mögen für die Art der mehr persönlichen Ansprüche der Offiziere genügen.

Von nachtheiligerem Einfluß auf eine stetige Entwickelung der Marine sind die Ansprüche, welche der Offizier stellt, um seine Kampfmittel, vor allem das Schiff, stets auf der höchsten Höhe der Zeit zu sehen. Diese Forderungen sind von seinem Standpunkt aus nicht nur zu billigen, sondern zu loben, weil er nur das ihm zunächst Liegende im Auge hat und mit dem ihm anvertrauten Schiff das Beste leisten will; die Oberleitung hat aber doch nach ganz anderen Gesichtspunkten zu verfahren und wohl zu erwägen, ob die möglichen Verbesserungen ein Schiff um so viel besser machen, daß die aufzuwendenden Kosten hiermit einigermaßen im Einklang stehen, und ob unsere Wehrkraft nicht einen besseren Zuwachs erhält, wenn die zur Umänderung nothwendigen Gelder zu Neubauten verwendet werden. Wir wollen nicht alle die Verbesserungen an dem Panzer und den Maschinen, den Einbau von Torpedorohren und Kommandobrücken, die Umänderung der Artillerie und die Anbringung von Telegraphen der verschiedensten Art hier eingehender besprechen, wir wollen nur einige aus der Beilage des Marine-Etats für das Jahr 1889/90 entnommene Zahlen herausgreifen.

Es haben neu gekostet: Ausgaben für Reparaturen und Verbesserungen:

Panzerschiff „König Wilhelm" M. 10 000 000   M. 5 500 000

„ „Kaiser"
„ „Deutschland" } je 8 000 000   zusammen 4 150 000

„ „Friedrich d. Große"
„ „Preußen" } je 7 000 000   „ 5 200 000

Die 4 Panzerschiffe der Sachsen-
Klasse   je M. 8 000 000   M. 3 400 000
11 Panzerkanonenboote   je   1 200 000   2 600 000
Aviso „Zieten"   1 600 000   850 000
                                         Summe M. 21 700 000.

Die Ausgaben für die Panzerkanonenboote beziehen sich in der Hauptsache auf den Einbau einer Torpedoarmirung, welche man als überflüssig bezeichnen kann, da die Boote nur für die Küstenvertheidigung bestimmt sind und sich während des Kampfs auf flachem Wasser halten und von hier aus die großen Schiffe mit ihrem schweren Geschütz (das größte, welches wir zur Zeit in der Marine haben) beschießen sollen. Da nun der Torpedo günstigenfalls nur auf 400 m Entfernung anwendbar ist, so können diese Fahrzeuge gar nicht in die Lage kommen, ihre Torpedoarmirung zu gebrauchen, durch welche sie andrerseits eine wesentliche Einbuße an ihren Seeeigenschaften erlitten haben. Sie sind kopflastig geworden, d. h. sie tauchen mit ihrem Bug tiefer ein, als sie sollen, und haben hierdurch an Geschwindigkeit und Steuerfähigkeit verloren.

Rechnen wir nun, daß von den oben genannten 22 Millionen etwa 12 Millionen für die Torpedoarmirung der großen Schiffe und für Reparaturen nothwendig waren, dann bleiben 10 Millionen übrig, für welche ein neues Panzerschiff hätte gebaut werden können.

Wir dürfen indeß, um gerecht zu sein, die Schuld an unüberlegten Bauten und falschen Maßnahmen nicht allein auf die Marineverwaltung wälzen, denn ein gut Theil der Schuld trägt auch der Reichstag. Wenn diese hohe Volksvertretung ihre Aufgabe dahin auffaßt, neue Schiffsforderungen grundsätzlich abzulehnen, dann wird die Marineverwaltung gezwungen, die alten Schiffe umzubauen, um sie den neuen Bauten anderer Marinen einigermaßen ebenbürtig zu machen, und sie wird alle ihr zur Verfügung stehenden Mittel mit Recht für diesen Zweck ausnutzen.

Die vorstehenden Angaben sollen daher nicht nur den Seeoffizieren, sondern auch den Volksvertretern zu denken geben.

2. Panzerschiffe.

Die Entwickelung des Panzerschiffbaus.

Als man zu dem Bau der Panzerschiffe überging, hielt man an den Formen und der innern Einrichtung der damals neuen großen Fregatten fest. Man dachte nicht daran, eine neue Art von Schiffen erfinden zu wollen, sondern man wollte nur das vorhandene Modell gegen feindliches Artilleriefeuer durch Panzer schützen; man wollte nicht „Panzerschiffe", sondern gepanzerte Schiffe haben. Es war daher selbstverständlich, daß die ersten Panzerungsversuche an den Fregatten vorgenommen wurden, welche man, wie wir ja schon wissen, als die Schlachtschiffe der Neuzeit betrachtete. Allerdings haben die Franzosen etwas später auch zwei gepanzerte Linienschiffe, die Zweidecker „Magenta" und „Solferino" gebaut; doch dies blieb nur ein Versuch, welcher keine Nachahmung gefunden hat.

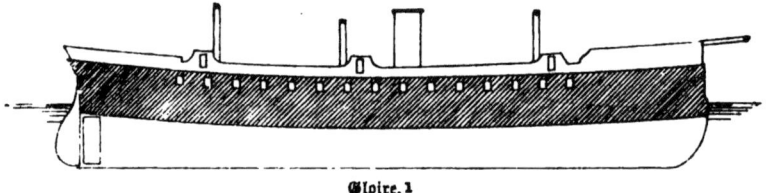

Gloire.[1]

Die Franzosen lösten die Frage der Panzerung einfach in der Weise, daß sie den ganzen Schiffsrumpf der „Gloire" von etwa 1,5 m unterhalb der Wasserlinie an bis zum obersten Deck mit einer Eisenwand umgürteten, welche in der Nähe der Wasserlinie eine Dicke von 120, weiter oben eine solche von 110 mm hatte und stark genug war, den damaligen Geschossen das Durchschlagen zu verwehren.

Die Engländer gaben ihrem „Warrior" nur an jeder Schiffsseite ein großes Panzerschild von 114 mm Dicke und verbanden die beiden Enden der Schilde durch gleich hohe und starke Panzerquerwände, sodaß die in diesem gepanzerten Viereck liegenden wichtigsten Theile des Schiffs: die Batterie, die Maschine und die Munitionskammern, gegen Seiten- und Enfilirfeuer der damaligen Kanonen geschützt waren, wogegen alle übrigen Theile dem feindlichen Feuer ausgesetzt blieben.

Die Franzosen nahmen bei Feststellung der äußern Form der „Gloire" schon darauf Bedacht, mit dem Bug ein feindliches Schiff

---

[1] Die schraffirten Flächen der Skizzen deuten den Panzer an.

rammen zu können, benutzten als Baumaterial für den Schiffsrumpf aber noch Holz, an welchem sie auch bis zum Ende der sechziger Jahre festhielten. Die Engländer entwarfen das Aeußere des „Warrior" noch nach den Schönheitslinien des damaligen Geschmacks, verwandten als Baumaterial jedoch schon Eisen. Der Holzbau zwang die Franzosen, ihr Schiff rund herum zu panzern; die Eisenconstruction ermöglichte es den Engländern, die unter der Wasserlinie liegenden Räume des „Warrior" durch wasserdichte Querwände in der Weise abzutheilen, daß durch einen Leck nicht das ganze Schiff, sondern nur der zunächst betroffene Theil mit Wasser gefüllt werden kann, und die Abtheilungen sind in Abmessungen gehalten, daß eine von ihnen voll Wasser sein kann, ohne das Schiff zum Sinken zu bringen oder es in seiner Schlagfertigkeit wesentlich zu beeinträchtigen; so nahm man

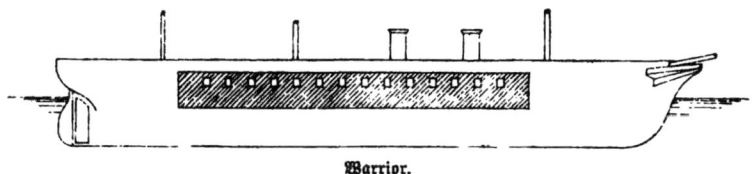

Warrior.

damals wenigstens an. Um dem Schiff noch größere Sicherheit zu geben, wurden in seiner ganzen Länge in den einzelnen Abtheilungen auch noch wasserdichte Wände, sog. Längsschotten, angeordnet, die, nahe den Bordwänden liegend, mit diesen parallel laufen und so kleine Räume schaffen, daß ein Leck in der äußeren Wand nur einer geringeren Masse Wasser den Zutritt gestattet. Mit dieser Construction glaubten die Engländer das Schiff genügend geschützt zu haben, um von der Panzerung seiner Endtheile absehen zu können. Später, bei verschiedenen Unglücksfällen, hat die Erfahrung allerdings gelehrt, daß die eisernen Querwände in der Construction jener Zeit den beabsichtigten Zweck nicht erfüllt hätten. Man scheint auch in England diesem System schon gleich nach der Annahme nicht recht getraut zu haben, denn die nächsten Panzerschiffe, die der Minotaur-Klasse (1864, s. S. 42), wurden unter Beibehaltung der wasserdichten Abtheilungen rundherum, wie die „Gloire", gepanzert; auch erhielten sie abweichend von der gewohnten Schiffsform einen Rammbug. Die Franzosen indeß näherten sich in der zweiten Baugruppe ihrer Panzerschiffe wieder mehr dem englischen ersten Vorbild, sie panzerten an den Linienschiffen „Magenta" und „Solferino" in der Hauptsache die Batterie, daneben aber

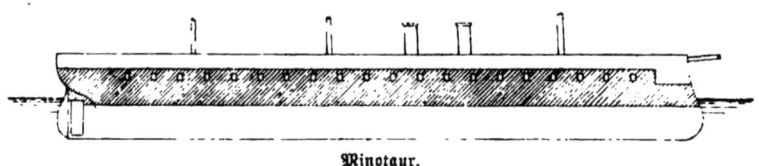

Minotaur.

auch die Wasserlinie, weil der Holzbau des Rumpfs sie dazu zwang. An diesen Schiffen sehen wir auch zum ersten mal den Sporn zur Anwendung gebracht. Wenn die beiden Linienschiffe auch die einzigen ihrer Art geblieben sind, so wurde die Anordnung ihres Panzers doch das Vorbild für alle ferneren Schiffsbauten: Beschränkung des Panzerschutzes auf die Wasserlinie, auf die Kanonen, Maschinen und Menschen.

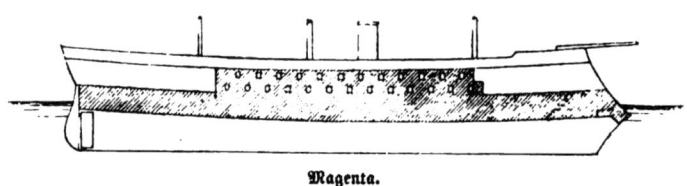

Magenta.

In der ersten Zeit der Panzerschiffe brach der nordamerikanische Bürgerkrieg, der sogenannte Secessionskrieg aus, und es war selbstverständlich, daß die Kriegführenden bei ihren Schiffen den Panzer zur Anwendung brachten; man konnte somit gleich praktische Erfahrungen über denselben gewinnen. Allerdings waren weder der eine noch der andere Theil im Stande, in der kurzen Zeit große Panzerfregatten zu bauen; sie beschränkten sich darauf, ihre vorhandenen Schiffe mit eisernen Ketten oder Schienen zu schützen, und nach den Plänen des schwedischen Ingenieurs Ericsson kleine Fahrzeuge, sogenannte Monitors zu bauen: absonderliche Fahrzeuge, welche sich wegen ihrer geringen Fahrgeschwindigkeit und ihrer ungenügenden Seeeigenschaften nur zur Küstenvertheidigung eignen und auch hierfür nur von wenigen Staaten angenommen worden sind. Denn außer den Vereinigten Staaten von Nordamerika, sowie Brasilien und

Argentinien haben nur noch einzelne europäische Staaten nach diesem Modell gebaut, in größerem Maßstab Rußland, in kleinerem Holland,

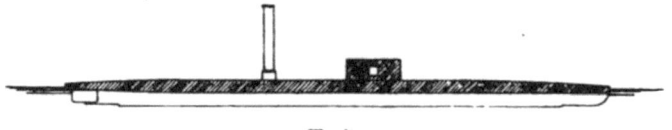

Monitor.

Schweden und Norwegen. Die großen Seemächte hielten an dem Hochsee=Panzerschiff fest, construirten für die Küstenvertheidigung kleinere Thurmschiffe und Panzerkanonenboote, und ihrem Vorgang sind die anderen europäischen und außereuropäischen Seestaaten gefolgt.

Größerer Monitor.

Nachdem so die Panzerschiffe, welche auch vortreffliche Seeeigenschaften zeigten, zur Wirklichkeit geworden waren, und da die in dem Secessionskrieg mit dem Panzer gemachten Erfahrungen keinen Zweifel ließen, daß in der Folge ein Schlachtschiff ohne Panzer undenkbar sei, hieß es, größere Kanonen und härtere Geschosse schaffen, um den vorhandenen Panzer zu durchschlagen. Und als man dieses Ziel erreicht hatte, mußte man nicht nur den Panzer dicker machen, sondern auch andere Schiffe bauen, welche die größer und schwerer gewordenen Kanonen, sowie den schwereren Panzer tragen konnten.

Zunächst beschränkte man sich in der Aenderung der Bauart allerdings nur darauf, die Kanonenzahl zu verringern und die Batterie kürzer zu machen; man ersparte hierdurch soviel an Gewicht, daß der Panzer, welcher als Gürtelpanzer die Wasserlinie und als Kasematt=

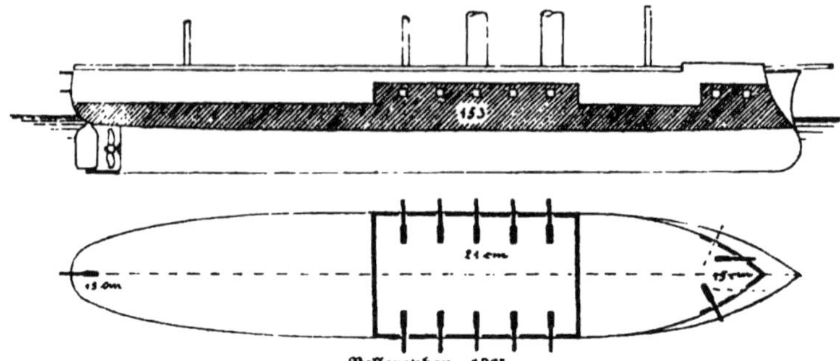

2. Panzerschiffe.

Bellerophon. 1865.

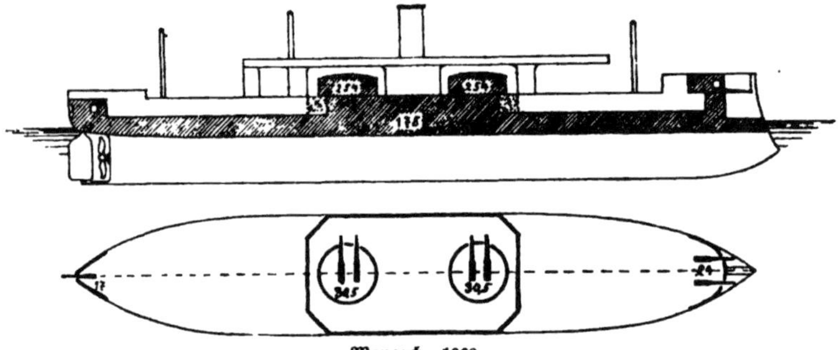

Monarch. 1868.

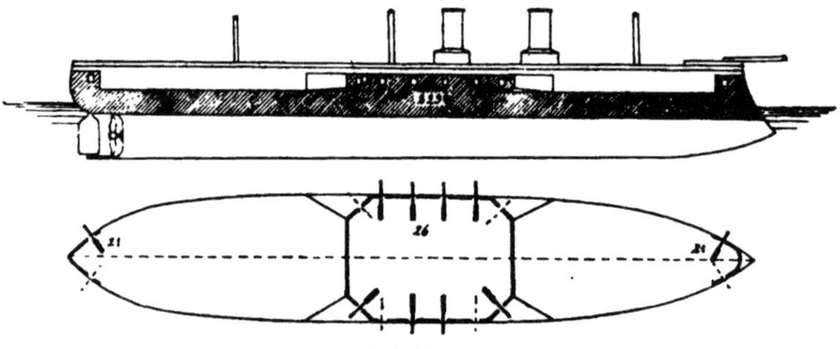

Herkules. 1868.

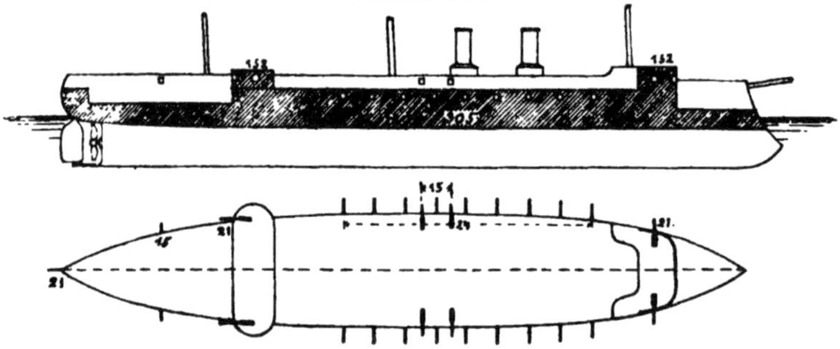

König Wilhelm. 1868.

Skizzen verschiedener Panzerschiffe.

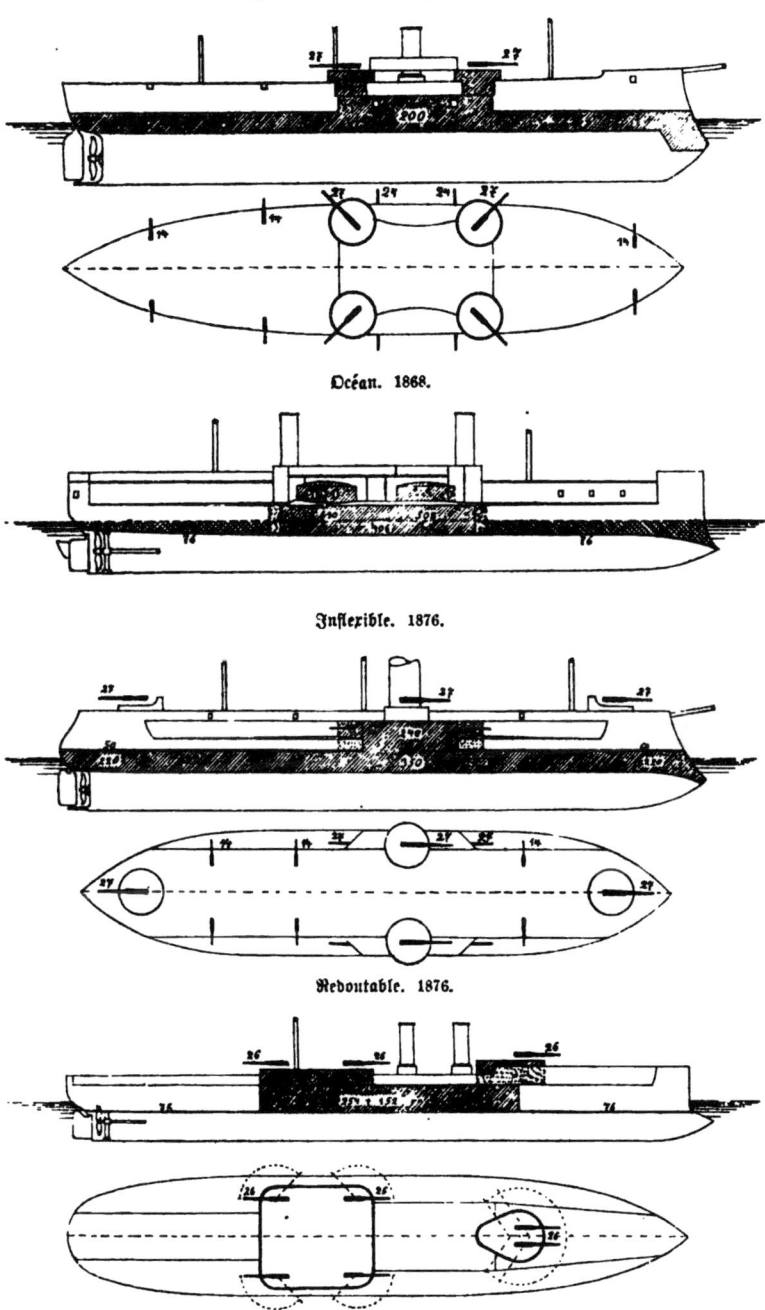

Océan. 1868.

Inflexible. 1876.

Redoutable. 1876.

Sachsen. 1877.

panzer die Batterie schützte, eine größere Stärke erhalten konnte. Der Verlust an der Kanonenzahl in der Batterie wurde aber dadurch einigermaßen ausgeglichen, daß man den Schiffen eine besondere Bugarmirung hinter einem Panzerschild (s. „Bellerophon" S. 44)[1] gab, von welcher man sich in der neueren Kriegführung zur See eine hervorragende Be

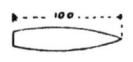

deutung versprach. Der Dampf hatte die Schiffe schon vorher so unabhängig gemacht, daß sie dem Feind nach ihrem Belieben jede Seite zuwenden konnten, und die Panzerung brach nun die Macht des Enfilirfeuers. So ist es

dahin gekommen, daß eine Flotte, welche entschlossen ist, den Gegner mit rücksichtsloser Energie anzugreifen, jetzt bestrebt sein wird, den Kampf mit dem Bugfeuer allein einzuleiten, weil der Nachtheil der geringern Kanonenzahl durch den Vortheil, dem Feind ein nur kleines Ziel zu bieten, mehr als aufgewogen wird.

Gleichzeitig mit diesen Aenderungen in dem Schiffbau entwarf man auch schon Pläne zu ganz anderen Werken. Der Vorschlag eines englischen Seeoffiziers[2], Thurmschiffe zu bauen, auf welchen die Kanonen auf drehbaren Panzerthürmen stehen, kam endlich zu Ehren, nachdem die Kanonen eine Größe erreicht hatten, welche eine möglichste Beschränkung in ihrer Zahl zur Nothwendigkeit machte (s. „Monarch" S. 44). Denn für ein großes Schiff, welches neben dem nunmehr für erforderlich erachteten Panzer nur vier Kanonen tragen konnte, gab es kaum eine günstigere Aufstellungsart der Geschütze, als die in Thürmen. Der Panzerschutz ist hier auf den geringsten Raum beschränkt und die Kanonen haben das größte Schußfeld, weil ihre Seitenrichtung

---

[1] Die schraffirten Flächen der Skizzen auf S. 44 und 45 deuten den Panzer an; die in diese eingetragenen Zahlen geben die Stärke des Panzers in mm, die den Kanonen beigefügten Zahlen das Kaliber in cm an; die bei den Schiffsnamen stehenden Zahlen bezeichnen das Jahr des Stapellaufs. Die starken schwarzen Linien in den Decksrissen bedeuten Panzer, diejenigen in den Seitenrissen Deckspanzer; die beigefügten Zahlen geben die Panzerstärke in mm an. Die gekreuzte Schraffirung zeigt den zwischen Deckspanzer und Wasserlinie liegenden Raum der nicht gepanzerten Schiffstheile (s. S. 49).

[2] Captain Coles war schon im Jahr 1860 für den Bau von Thurmschiffen eingetreten, und seinen Gedanken hatte sich der schwedische Ingenieur Ericsson bei der Construction des Monitors zu eigen gemacht.

nicht durch eine kleine Geschützpforte begrenzt wird, sondern nur durch Schiffstheile, wie Schornsteine, Masten u. s. w.; namentlich aber kann man die gesammte in Thürmen angeordnete Artillerie nach jeder Seite vereint wirken lassen, was naturgemäß mit den an Schiffsseiten stehenden Kanonen nicht der Fall ist. Ein Batterieschiff mit vier Kanonen kann nach jeder Seite nur zwei ins Feuer bringen; ein Thurmschiff mit vier Kanonen dagegen alle vier. Bei den Entwürfen für diese Schiffe war man, aber andrerseits doch wieder in der Weise beschränkt, daß man nicht jedem einzelnen Geschütz einen Thurm geben konnte, sondern man mußte je zwei in einen solchen zusammenfassen, womit die Nothwendigkeit eintrat, die beiden in einem Thurm vereinten Geschütze auch stets gleichzeitig abzufeuern, sodaß ein solches mit vier Kanonen armirtes Schiff eigentlich nur zwei Doppelgeschütze hat.

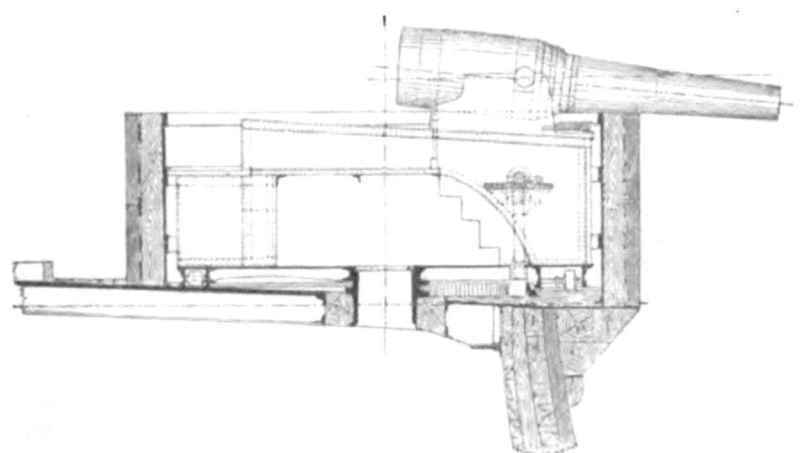

Ueber Bank feuerndes Geschütz.

Nebenher verbesserte man aber auch die ältere Bauart. Auf der einen Seite gab man dem Batterieschiff größere Formen im Rumpf, um das Mehrgewicht an Panzer und Kanonen tragen zu können, und stattete es mit einer stärkeren Maschine aus, welche ihm doch die gewünschte Geschwindigkeit verlieh, wie bei „König Wilhelm" (S. 44). Auf der andern Seite hat man die schon klein gewordene Batterie durch noch weitere Beschränkung im Raum zur Kasematte gemacht (s. „Herkules" S. 44), in welcher nur wenige schwere Geschütze Platz finden; wo ent=

weber die vorderen und hinteren Flügelgeschütze durch eine besondere Anlage des Schiffsoberbaus ein weiteres Schußfeld nach vorn und hinten haben, oder wo besondere Geschütze über der Kasematte angeordnet sind, die über Bank feuern (s. „Océan" S. 45 und 47), bei welchen nur die Lafetten durch Panzer geschützt sind und die nur ein geringes Ziel bietenden Kanonen frei über dem Panzer stehen, wodurch sie den Vortheil eines sehr großen Schußfelds haben. Batterie- und Kasemattschiffe erhielten auch, wie aus den Abbildungen (s. „Monarch" und „Herkules" S. 44) ersichtlich, mit der Anbringung einer durch Panzerschild gedeckten

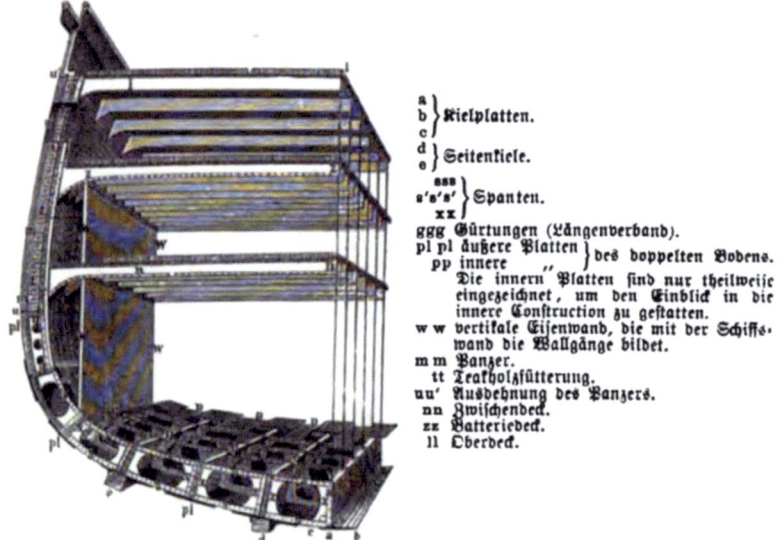

a
b } Kielplatten.
c
d } Seitenkiele.
e
s's's' } Spanten.
xx
ggg Gürtungen (Längenverband).
pl pl äußere Platten } des doppelten Bodens.
pp innere
Die innern Platten sind nur theilweise eingezeichnet, um den Einblick in die innere Construction zu gestatten.
w w vertikale Eisenwand, die mit der Schiffswand die Wallgänge bildet.
m m Panzer.
tt Teakholzfütterung.
uu' Ausdehnung des Panzers.
nn Zwischendeck.
zz Batteriedeck.
ll Oberdeck.

Ansicht der baulichen Anordnung eines Panzerschiffs mit Doppelboden und Längsschotten w - w.

Heckarmirung noch eine weitere Stärkung ihrer Artillerie. Aber nicht nur die Artillerie und der Panzer erfuhren Verstärkungen, sondern der Fortschritt erstreckte sich auch auf die weitere Sicherung des Rumpfs gegen Wassersgefahr. Die wasserdichten Abtheilungen und Längsschotten genügten nicht mehr, man mußte den Schiffsboden auch gegen Beschädigungen durch die im Küstenkrieg vorkommenden unterseeischen Minen schützen und construirte daher die Schiffe mit doppeltem Boden, sodaß das eigentliche Schiff gewissermaßen noch von einem zweiten Schutzschiff umgeben ist. Daß dieser Doppelboden durch eingelegte Scheidewände auch noch in kleinere Räume abgetheilt wurde, ist selbstverständlich.

Doch in all diesen Schiffen war noch nicht das Ideal gefunden. Die Durchschlagskraft der Geschosse wuchs mit den stetig größer werdenden Kanonen immer mehr; die Schiffe konnten nicht mehr in der bisher üblichen Weise gepanzert werden, wenn ihre Größe nicht ins Ungemessene wachsen sollte. Man mußte überall an Gewicht sparen und auch den Panzer auf das Allernothwendigste beschränken, wenn man ihm die erforderliche Stärke für die unter allen Umständen zu schützenden Theile geben wollte. Da mußte nun zunächst die schwere Takelage, welche den Panzerschiffen bisher noch belassen worden war und deren Gewicht man auf rund 200 Tonnen veranschlagen kann, fallen. Sie hatte sich einerseits als überflüssig erwiesen, weil die Schiffe infolge ihrer neuern absonderlichen Bauart doch nicht mehr segeln konnten; andrerseits war sie hinderlich und gefährlich, weil sie bei Gegenwind die Geschwindigkeit des Schiffs verminderte und weil im Kampf die etwa weggeschossenen und von oben fallenden Theile das eigene Schiff gefährden konnten, auch Masten wie Takel= werk das Schußfeld der Kanonen beeinträchtigten. Schließlich gestattete der Fortfall der Takelage noch, die Besatzungsstärke auf den mit nur wenig Kanonen ausgestatteten Schiffen erheblich zu verringern. In Betreff der weiter zu ergreifenden Maßnahmen gingen die Ansichten in den verschiedenen Marinen weit auseinander.

Die Engländer kamen auf das ursprüngliche Modell des „Warrior" wieder zurück, indem sie den Gürtelpanzer an den Endtheilen beseitigten und an dessen Stelle unter der Eintauchungslinie des Schiffs einen sogenannten Deckspanzer anordneten (s. „Inflexible" S. 45). Dieser ist ein gepanzertes gewölbtes Deck, welches so tief unter der Wasserlinie liegt, daß unter ihm Geschosse nicht in das Schiff eindringen können, und welches infolge der Einschlagwinkel, unter denen es nur von feind= lichen Geschossen getroffen werden kann, trotz seiner geringen Dicke von 76 mm ausreichenden Schutz gegen die stärkste Artillerie gewährt. Diese Bauart wurde ausführbar, nachdem man errechnet hatte, daß die über dem Deckspanzer liegenden ungepanzerten Schiffstheile des Rumpfs mit Wasser gefüllt sein können, ohne das Schiff zum Sinken zu bringen, weil die innerhalb des Panzers und unterhalb des Deckspanzers liegenden Räume dem Schiff eine noch genügende Schwimmkraft ver= leihen. Die Geschütze brachten sie in Panzerthürmen unter.

2. Panzerschiffe.

Die Franzosen behielten den Gürtelpanzer bei, indem sie nur seine Fläche verringerten und über demselben einen Deckspanzer anordneten, im übrigen machten sie ausgiebigeren Gebrauch von dem Ueberbankfeuer (s. „Redoutable" S. 45).

Wir vereinigten beide Systeme in unsern Schiffen der Sachsen-Klasse (s. S. 45) in der Weise, daß das Mittelschiff durch starken Panzer geschützt wurde, die Endtheile nur Deckspanzer unterhalb der Wasserlinie erhielten und die Kanonen sämmtlich mit Ueberbankfeuer Aufstellung fanden, theilweise als Kasemattgeschütze mit beschränkterem, theilweise als Thurmgeschütze mit ausgedehnterem Schußfeld. Doch sehen wir die letzteren in anderer Aufstellungsart: der Thurm ist nicht mehr drehbar, sondern er bildet nur noch eine, mit dem Schiff fest verbundene Brustwehr, hinter welcher die Kanonen auf einer Drehscheibe stehen. Auf diesen Schiffen sehen wir die vollkommenste Ausnutzung der Artillerie ermöglicht. Von sechs Kanonen können gleichzeitig:

4 nach vorn und eine nach jeder Seite bezw. 2 nach hinten, oder

2 nach vorn und 2 nach jeder Seite bezw. 1 nach jeder Seite und 2 nach hinten, oder

4 nach einer und 2 nach der andern Seite, bezw. von diesen eine nach vorn und eine nach hinten gerichtet werden.

Mit diesen Abweichungen von den früheren Modellen, welche in den Anfang der siebziger Jahre fallen, waren die Aenderungen aber noch nicht abgeschlossen. Nach der Beseitigung der Takelage wurde es zur Nothwendigkeit, jedem Schiff zwei voneinander unabhängige Maschinen mit je einer Schraube zu geben, damit es nach Beschädigung der einen noch in der andern ein Mittel der Fortbewegung und Manövrirfähigkeit hatte; außerdem mußte aber auch trotz der Fortschritte, welche man im Maschinenbau in sparsamer Ausnutzung der Dampfkraft gemacht hatte, der Kohlenvorrath der Schiffe so vermehrt werden, daß sie in den Stand gesetzt wurden, mit Sicherheit die größten für sie in Betracht kommenden Strecken mit eigener Dampfkraft zurückzulegen. Auch konnte man, trotzdem die Takelage hatte beseitigt werden müssen, noch nicht auf die Masten verzichten, weil sie unentbehrlich sind und es auch bleiben werden: zur Befehlsertheilung durch Flaggensignale und zum Messen der Entfernung von dem Feind, um danach den Kanonen die richtige Lage geben zu können. So sehen

Einbau kleinerer Zellen in die Schiffe.

wir denn auf den neuesten Schiffen noch Masten, welche allerdings nicht mehr so hoch als die früheren sind, auch nicht durch Wanten und Stage gestützt werden, sondern in sich genügende Festigkeit gegen die Bewegungen auf hoher See haben. Eigenthümlich berührt es, an den Spitzen dieser Masten wieder Körbe zu sehen, wie sie in alten längst vergangenen Zeiten im Gebrauch waren, in welchen die Ausguckposten und die Offiziere zum Messen der Entfernung sitzen, wo auch kleine Geschütze angebracht sind, um die Befehlshaber der feindlichen Schiffe und angreifende Torpedoboote von oben herab aufs Korn nehmen zu können.

Hiermit noch nicht genug, machte auch die Einführung des Torpedos in die Schiffswaffen weitere bauliche Aenderungen im Innern des Rumpfs unter der Wasserlinie erforderlich, zumal man vorher schon zu der Erkenntniß gekommen war, daß die die wasserdichten Abtheilungen begrenzenden Wandungen, welche, wie wir früher[1] schon gehört haben, auf das geringste Gewicht beschränkt werden müssen, nicht im Stande sein würden, den Druck einer Wassersäule von 8 m Höhe, 16 m Breite und 10 m Länge, mit einem Inhalt von 800 Tonnen Gewicht mit Sicherheit auszuhalten; auch hatte man die Erfahrung[2] gemacht, daß die Anfüllung einer solchen Abtheilung mit Wasser, wenn dies an den Enden des Schiffs stattfand, genügte, um dieses kampfunfähig zu machen. Es mußten an die Stelle einiger wasserdichten Abtheilungen eine große Zahl von kleineren Zellen treten.

Der Torpedo, oder richtiger gesagt, die Erfindung der Torpedoboote zwang übrigens die Marinen, auch die artilleristische Ausrüstung der Schiffe durch die Wiedereinführung kleinerer Kanonen, welche man zur

---

[1] Siehe Seite 32.
[2] Im Jahr 1870 brach auf unserm Panzerschiff „König Wilhelm", während es zu Anker lag, im vordern Hellegat Feuer aus und man mußte, um desselben Herr werden zu können, den Raum voll Wasser laufen lassen. Nachdem dies geschehen, tauchte das Schiff vorn so tief ein und war hinten dementsprechend so weit aus dem Wasser herausgehoben, daß es schwerlich noch steuerfähig gewesen wäre. Bei der Katastrophe, wo „König Wilhelm" den „Großen Kurfürst" in den Grund bohrte, wurde sein Bug so sehr beschädigt, daß die vordere Abtheilung voll Wasser lief, und hierbei zeigte es sich, daß das Schiff kaum noch steuerfähig geblieben war. Hätte es die kurze Strecke bis nach Portsmouth nicht bei ganz ruhiger See zurücklegen können, dann wäre es wahrscheinlich auch gesunken; im Gefecht wäre es jedenfalls kampfunfähig gewesen.

Beschießung der großen ungepanzerten Flächen der Panzerschiffe, sowie ihrer Schornsteine und Masten schon für wünschenswerth gehalten hatte, zu verstärken.

Die verschiedenen Bauarten der Panzerschiffe haben natürlich im Lauf der Jahre weitere Aenderungen und Verbesserungen erfahren; jede Marine erfand Neues und nahm gleichzeitig dasjenige ihrer Nebenbuhler, was sie für gut hielt, an, sodaß vielfach ein gegenseitiger Austausch in der Art der Panzerung und der Geschützaufstellung erkennbar ist.

Wir können die weitverzweigte Geschichte dieser allmähligen Weiterentwickelung des Panzerschiffbaus indeß nicht in den Bereich unserer

Oldenburg.

Betrachtung ziehen, wir müssen uns damit begnügen, die hauptsächlichsten Typen der jetzt vorhandenen neueren Schlachtschiffe, soweit wir sie nicht vorher schon im Bild gesehen haben, auf den Seiten 53, 54 und 55 in ihren charakteristischen Formen, wie sie von den verschiedenen Marinen zu verschiedenen Zeiten gebaut worden sind, kennen zu lernen. Der vollkommenste Typus eines Kasemattschiffs stellt sich uns in unserm Panzerschiff „Oldenburg" dar.

Die Thurmschiffe mit drehbarem geschlossenem Thurm haben die weiteste Verbreitung in England gefunden, wo man allerdings dem Ueberbankfeuer neuerdings auch erhöhte Aufmerksamkeit schenkt, da von dem gewaltigen Typ „Royal Sovereign" zur Zeit 7 Schiffe im Bau sind.

Schiffstypen.

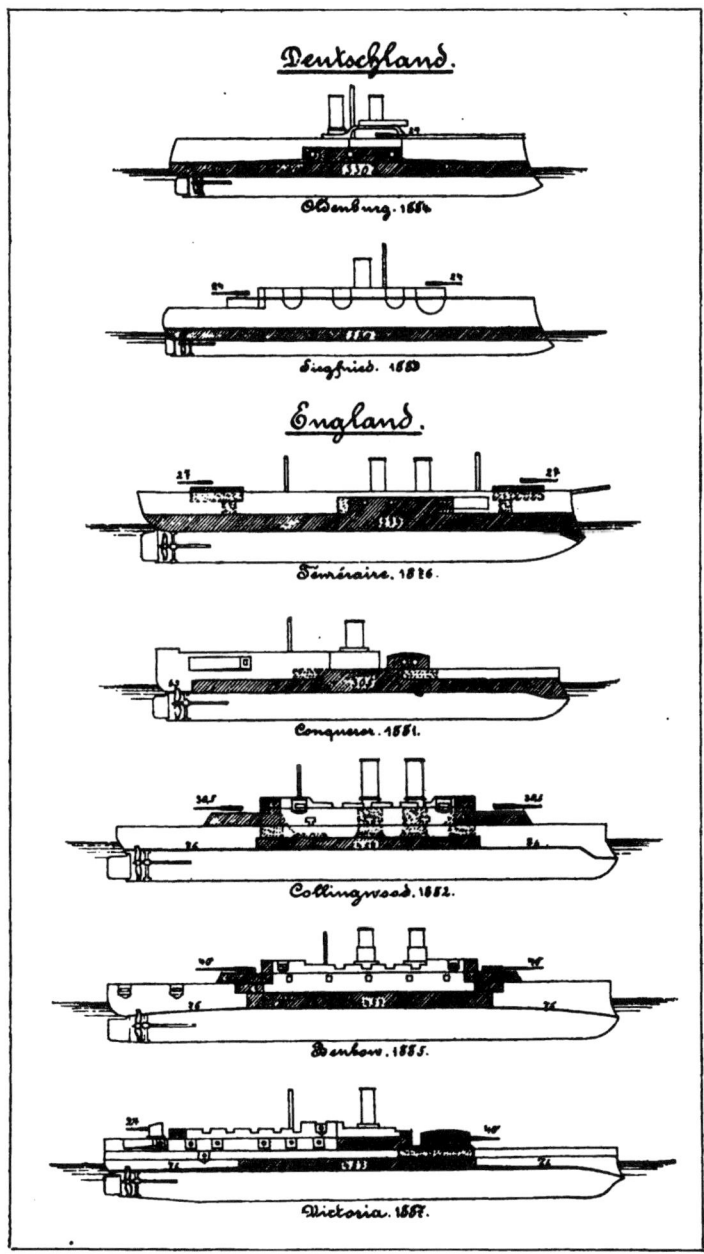

Die punktirten Stellen deuten Panzerwände im Innern des Schiffs an.

54　　　　　　　2. Panzerschiffe.

Schiffstypen.

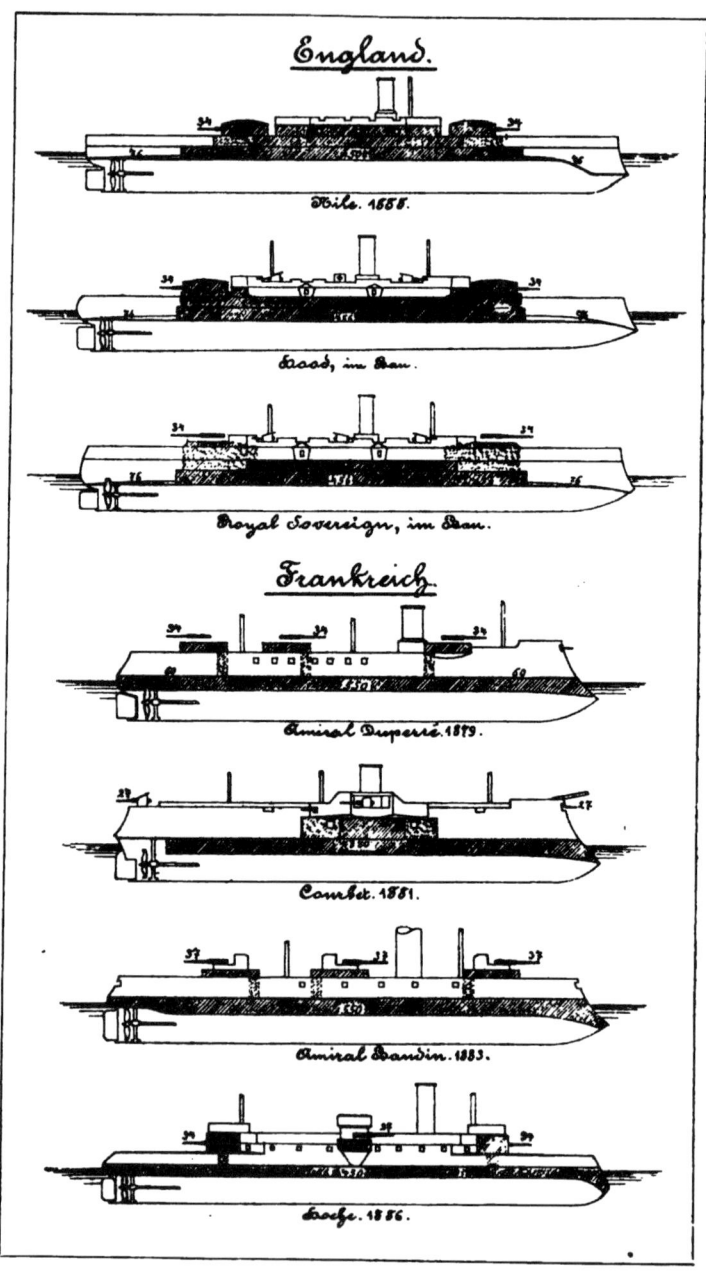

Schiffstypen.

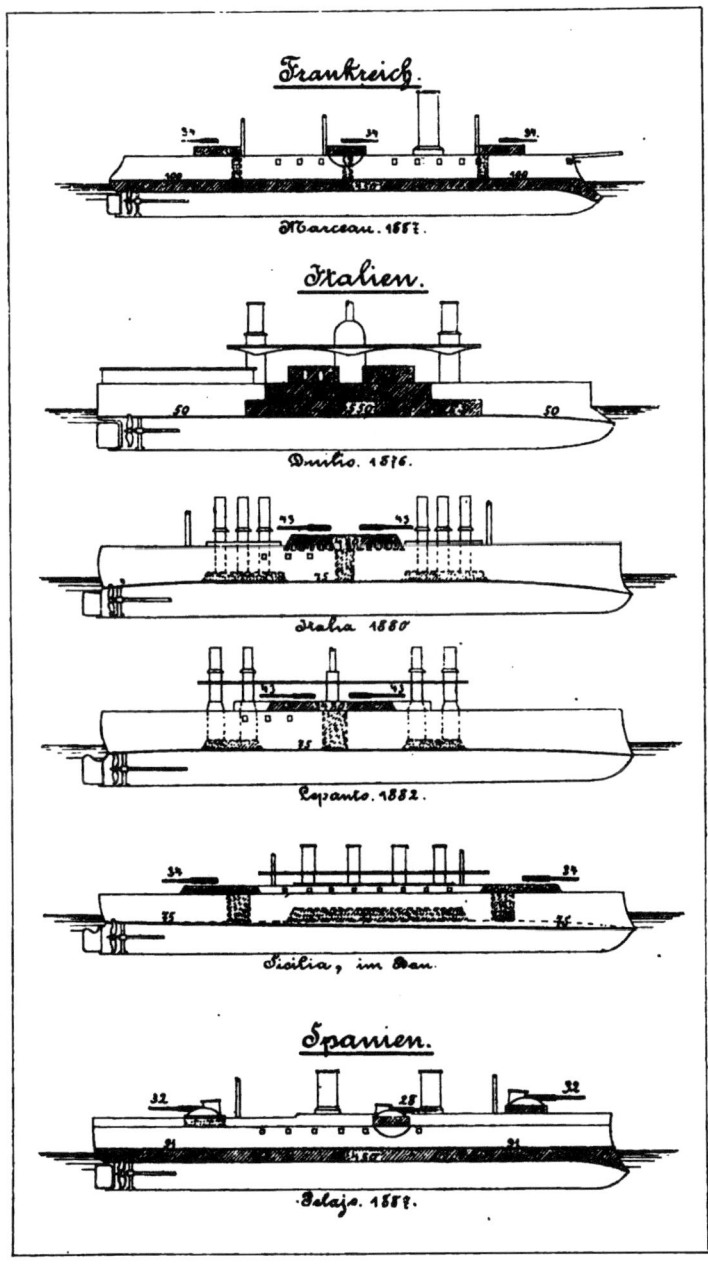

2. Panzerschiffe.

Das System der festen Thürme oder Brustwehren, aus bezw. hinter welchen die Kanonen, auf Drehscheiben stehend, über Bank feuern, ist bei den französischen und italienischen Schiffen allgemein in Anwendung.

Die Abbildungen belehren uns ferner, daß die Engländer daran festgehalten haben, unter allen Umständen ihre Maschinen und die Stützpunkte für die Panzerthürme bezw. die gepanzerten Geschützstände durch starken Panzer gegen feindliche Geschosse zu sichern, während die Franzosen sich mit einem schmalen Gürtelpanzer und darüberliegendem Deckspanzer, sowie mit der Panzerung der Geschützstände selbst begnügen, und die Italiener in ihren neuesten Bauten gar nur den Deckspanzer und gepanzerte Geschützstände in Anwendung bringen. Die französische Bauart schließt schon die große Gefahr in sich, daß, wenn vielleicht auch noch nicht ein einzelnes Geschoß, so doch mehrere über dem Gürtelpanzer eindringende Geschosse von je 900 kg Gewicht mit einer Sprengladung von 84 kg Pulver im Stande sind, den ganzen innern Bau so zu zerrütten, daß die Geschützstände mit den Kanonen und den Menschen in sich zusammenfallen und das ganze Schiff zum Wrack machen; ja eine größere Zahl Granaten der neuesten leichten Schnellfeuerkanonen werden schon solche Verwüstungen anrichten können, daß der Mechanismus zum seitlichen Richten der Kanonen unbrauchbar wird und diese Beschädigungen im Verein mit denjenigen an den Schornsteinen das Schiff kampfunfähig machen werden. Viel größer noch sind diese Gefahren natürlich für die italienischen Schiffe, welche den Geschossen ein so viel größeres Ziel darbieten. Die Bauart dieser Schiffe, welche in den letzten Jahren auch bei uns vielfach als eine vortreffliche gerühmt worden ist, wird sich wahrscheinlich als eine Verirrung erweisen; diese und die französischen Schiffe sind im übrigen Bauwerke, in welchen das Enfilirfeuer auch wieder zu verheerender Wirkung kommen kann. Sie erscheinen wieder als Batterieschiffe, ähnlich den alten Holzfregatten, mit welchen sie eine größere ungepanzerte Batterie mit leichten Kanonen gemein haben. Während man es nun bei Einführung der Panzerung doch erstrebt hatte, mit dieser hauptsächlich Schiff, Kanonen und Menschen zu schirmen, ist man mit diesen neuesten Constructionen wieder bei dem alten Stand angekommen. Die alten glatten Kanonen zerstörten die feind=

liche Artillerie, die Menschen und die Takelage; sie konnten aber dem Rumpf nichts anhaben. Der Panzer schützt jetzt den Rumpf gegen die schweren Geschosse; die Kanonen, Menschen und die mit der Takelage der Segelschiffe gleichwerthigen Schornsteine aber sind dem feindlichen Feuer aus schweren und leichten Geschützen wieder ganz ausgesetzt.

Die innere Einrichtung und einige Bemerkungen über das Personal.

Die Panzerschiffe der ersten Bauperiode weichen in ihrer innern Einrichtung nur wenig von den alten Holzschiffen ab. Beide Schiffsarten haben die gleiche Anlage, sodaß sich auch auf einer Panzerfregatte unter dem Oberdeck das Batteriedeck und unter diesem das Zwischendeck befindet, daß unter dem letztern die Maschinen- und Vorrathsräume liegen. Die Raumeintheilung des Oberdecks trägt vornehmlich der Bedienung der Takelage Rechnung. Auf dem Batteriedeck stehen in der Mitte die Kanonen; hinten sehen wir die Kajüte des Admirals und die des Kommandanten, sowie Offizierswohnräume und Schreibstuben; der vor der Batterie liegende Theil dient als Wohnraum der Mannschaft. Das Zwischendeck ist Wohn- und Schlafstätte für diejenigen Offiziere, Deckoffiziere, Kadetten und Mannschaften, welche nicht in dem Batteriedeck untergebracht sind, auch wird ein großer Theil des Raums von den gegen früher vergrößerten Kohlenbunkern in Anspruch genommen. Die Lasträume gleichen ganz den althergebrachten.

Die Panzerfregatten und die Panzerkorvetten sind daher in der Hauptsache Schiffe des alten Modells, welche sich in der innern Einrichtung nur dadurch von dem Holzschiff unterscheiden, daß bei ihnen in der Batterie und im Zwischendeck die sonst üblichen großen, in der ganzen Schiffslänge ununterbrochenen Räume fehlen. Denn die eigentliche Batterie ist durch Panzerquerwände von den Schiffsendtheilen abgeschlossen und eiserne Wände theilen das Zwischendeck in eine Zahl einzelner Räume von annähernd gleicher Größe. Die Batterie ist durch kleine in den Panzerwänden angeordnete Panzerthüren mit den angrenzenden Räumen verbunden; eiserne, mit wasserdichtem Verschluß versehene Thüren, welche im Gefecht geschlossen sein müssen und bei sonst drohender Gefahr geschlossen werden, vermitteln die Verbindung zwischen den verschiedenen Abtheilungen im Zwischendeck. Dort, wo dieses sich hinter dem Seitenpanzer hinzieht, herrscht auch am Tage, wenn nicht künstliches Licht brennt, Dunkelheit, weil der Panzer nicht zur Schaffung von Seitenfenstern durchbohrt werden darf.

Wenn wir ein solches Schiff, z. B. „König Wilhelm", an einem Vormittag bei schönem Wetter durch das Fallreep betreten, dann be-

König Wilhelm.

finden wir uns auch gleich mitten in dem altbekannten Kriegsschiffsgetriebe.

Ein Oberdeck von über 100 m Länge und etwa 16 m Breite wird von der es umschließenden 2 m hohen Reling zu einem wohnlich begrenzten Raum gemacht. Das Auge sieht, wohin es sich auch wenden mag, bekannte Einrichtungen und Gegenstände.

Weiß gescheuert ist das von langen schwarzen Pechnähten durchzogene Deck. In blendend weißem Anstrich erglänzen die Wandflächen der Reling, und letztere findet ihren oberen Abschluß in den Hängemattkasten, aus welchen die weißen, kunstgerecht zusammengeschnürten Hängematten, in regelmäßiger Doppelreihe geordnet, zur Hälfte hervorragen. Aus dem Deck streben die mächtigen Masten nach oben, welche mit den sauber gestrichenen, genau vierkant gebraßten und getoppten Raaen und den an ihnen aufgerollten Segeln, sowie mit dem Gewirr straffgespannter Taue, der wehenden Flagge und dem flatternden langgestreckten Wimpel das duftige Zelt bilden, welches dem Seemann ein eigenartiges Gefühl der Sicherheit gibt, weil in der Takelage vorläufig noch die Sicherheit des Schiffs ruht. Die Maschine kann unbrauchbar werden, auch der Kohlenvorrath ausgehen. Die Maschinen= kraft kann sich als unzureichend erweisen, Sturm und Wogenprall zu überwinden; die Takelage dagegen versagt dem Menschen ihre sichere Hülfe nie.

Um den Fuß der Masten und an der Relingswand sehen wir die Poller und Nagelbänke mit den blinkenden Messingrücken und den polirten eisernen und messingnen Belegnägeln; in dem Deck die dicken polirten eisernen Augbolzen, in welche die Blöcke eingehakt sind.

Breit spannt sich vor dem Kreuzmast von der einen zur andern Seite über das Deck die Kommandobrücke mit dem Kartenhaus, dem Peilkompaß, dem Maschinentelegraphen und den Sprachrohren nach den verschiedenen unteren Räumen; etwas hinter ihr befinden sich die Steuerräder mit den glänzenden Kompaßhäusern in der gewohnten Anordnung. Vor dem Großmast stehen die großen Decksboote, und vor diesen ragt der gelb angestrichene Schlot nach oben.

Luken mit polirten Süllen, messingnem Geländer und biegsamen Sceptertauen unterbrechen die weiße Fläche des Decks in der Mitte, einige wenige Kanonen thun dies an den Seiten. An dem Fallreep sehen wir den Posten unter dem Gewehr und den Bootsmannsmaat der Wache mit den Fallreepsgasten; auf der Kommandobrücke den Wachoffizier, den Steuermannsmaat und einen Signalgast; auf der Backbordseite des Achterdecks die wachehabenden Kadetten, sowie dienst= freie Offiziere und Kadetten, welche dort spazieren gehen, auch eine kleine Zahl von Mannschaften, welche Zielübungen an einer schwingen= den Scheibe machen. Das Steuerbord=Achterdeck ist frei von Menschen. Auf dem Vordeck sind die Takler unter Aufsicht des Bootsmanns mit kleinen Takelarbeiten beschäftigt. Von unten, von dem Batterie= deck her, bringen die Kommandorufe des Artillerieoffiziers und das Geräusch in Bewegung befindlicher Kanonen nach oben.

Bei genauerem Hinsehen finden wir aber doch zwei Abweichungen von der gewohnten Art. Die eine betrifft die Kommandobrücke: sie ist sehr viel breiter geworden und aus ihrer Mitte ragt über sie hinweg ein auf dem Oberdeck stehender und durch den Boden der Brücke hindurch gehender Kommandothurm aus Panzerplatten, in welchem der Kommandant während des Gefechts Aufstellung nehmen soll. Der Thurm ist mit einer eisernen Kappe derart gedeckt, daß in Augeshöhe eines mittelgroßen Mannes zwischen dem obern Rand des Thurms und dem untern Rand der Kappe ein etwa 30 cm hoher Schlitz liegt, welcher, die ganze Runde umlaufend, einen freien Ausblick nach allen Richtungen gestattet; in dem Innern befindet sich ein zweiter Maschinentelegraph und noch ein Satz Sprachrohre. Die andere Abweichung müssen wir in dem Vorgeschirr suchen, in dem Bugspriet mit seinem Takelwerk. Dieses ist so eingerichtet, daß es in wenigen Minuten ganz in das Schiff geholt werden kann, damit bei dem „Klarschiff" auch der Sporn sofort zum Gebrauch bereit ist.

Wir steigen zu dem hintern Theil des Batteriedecks hinab und finden einen mit Kajüten und Kammern zugebauten Raum, wo nur in der Mittellinie des Decks der Platz für die nach dem Zwischendeck führenden Luken und für einen schmalen Gang an jeder Seite zwischen den Lukenrändern und den Kajütenwänden unbebaut geblieben ist. Der Raum war für andere Zwecke nicht erforderlich und konnte daher den Kajüten und Kammern zugute kommen, wodurch die letzteren eine größere Tiefe als bisher üblich erhielten. Auffällig ist uns an dem Batteriedeck seine größere lichte Höhe, welche etwa 30 cm mehr als auf den Holzfregatten beträgt. Die Batterie selbst, welche wir zu einer Zeit betreten, wo das Geschützexercitium ruht, erinnert uns trotz ihrer mit der alten Art übereinstimmenden Anlage doch daran, daß in dem Schiffbau mancherlei Aenderungen platzgegriffen haben.

Sie macht nicht mehr den sonnigen Eindruck von ehedem, stimmt vielmehr mit ihrer düstern Umgebung ernst. An die Stelle der das Deck bildenden weißen fichtenen Planken sind dunkle aus hartem Eichen- oder Teakholz getreten; die großen breiten Pforten, welche sonst dem Sonnenlicht freien Einlaß gestatteten, sind durch kleinere ersetzt, welche durch die Geschützrohre fast ausgefüllt werden; die großen weiß angestrichenen Flächen, welche früher der Batterie ein so heiteres Gepräge gaben, sind überall durch eiserne Schienen, Stangen und verschiedenartiges Räderwerk theilweise überdeckt; vor allem aber

Innere Einrichtung der ersten Panzerschiffe. 61

wird der Blick gehemmt durch die großen Kanonen, deren Lafetten auch nicht mehr auf golbig blinkenden bronzenen Schienen ruhen, sondern auf stumpfen eisernen, die mit einer leichten Rostschicht überzogen sein müssen, damit die Räder der Lafetten die erforderliche Reibung finden, wenn nicht Schienen und Räder gezahnt sind. Obschon wir gewohnt sind, auf den Schiffen größere Kanonen, als wie in Landbefestigungen zu sehen, so wirken die Eisenmassen, welche uns hier als Kanonen entgegentreten, doch höchst überraschend, wenngleich diese selben Ungeheuer gegenüber den neuesten Schiffsgeschützen[1] als winzige Zwerge erscheinen. Auf jeder Schiffsseite stehen zwar nur 9 solcher Feuerschlünde, aber von was für Größenverhältnissen im Vergleich zu den gezogenen 24-Pfündern aus dem Anfang der sechziger Jahre? Bei diesen war das Geschützrohr 3,14 m lang, 2800 kg schwer und hatte eine Feuerhöhe von 98,4 cm; die Rohre der vor uns stehenden 24 cm-Geschütze sind 4,7 m lang, 14,5 Tonnen schwer und haben eine Feuerhöhe von 108 cm. Für den Geschoßtransport sind an der Decke starke eiserne Schienen angebracht, und zwar in halbkreisförmigem Bogen über jedem Geschütz, hinter der ganzen Reihe dagegen in langgestreckter Linie, denn die 140 kg wiegenden Geschosse können nicht mehr durch Menschenhand bis zu den Kanonen gebracht werden, sondern müssen, in eisernen Schalen ruhend, mit einer besonderen, „Katze" genannten, eisernen Talje (Flaschenzug) in die Höhe geheißt und dann vermittels eines kleinen Rollwerks weiter geschafft werden.

Die Wohnräume für die Mannschaften in der vorderen Batterie und im Zwischendeck zeigen uns die bekannte Ausstattung; in dem letztern sehen wir aber doch auch eine Neuerung: eine kleine Dampfmaschine für das Ankerspill. Die Anker und Ketten, welche ein so schweres Schiff halten sollen, sind natürlich dementsprechend größer und schwerer geworden, wodurch man sich gezwungen sah, zum Lichten des Ankers den Dampf mit heranzuziehen.

Neben den Abweichungen, welche sich dem Auge in einem solchen Schiff unwillkürlich aufdrängen, finden wir in seinem tiefsten Innern,

---

[1] Das neue Rohr des Krupp'schen 40 cm-Geschützes ist 16 m lang, 143 Tonnen schwer und hat eine Feuerhöhe von mehr als 3 m.

in den Lasträumen, aber auch noch andere von großer Wichtigkeit. Es ist naturgemäß, daß wasserdichte Abtheilungen, welche eingedrungenes Wasser in einem abgeschlossenen Raum zusammenhalten, nur dann, und zwar nach erfolgter Verstopfung des Lecks, wieder entleert werden können, wenn sie durch besondere Saugröhren mit den Lenzpumpen verbunden sind; es muß daher von jedem solchen Raum ein Saugrohr nach den in dem Maschinenraum liegenden Dampfpumpen und eins nach der zunächst gelegenen Handpumpe, welche von 60—80 Mann bedient wird, führen. Daneben muß in jedem größern Raum ein Rohr der Dampfspritze münden, weil beim Ausbruch eines Feuers sämmtliche Verbindungsthüren im Schiff geschlossen werden, einerseits um den Zuzug frischer Luft von dem Feuerheerd abzuhalten, andererseits um das Ueberspringen des Feuers in die nächsten Räume zu verhindern. Und als die Schiffe Doppelböden erhielten, mußten deren einzelne Abtheilungen natürlich auch mit den Pumpen in Verbindung gebracht werden, wobei man sich allerdings darauf beschränkte, nur in die untersten Räume Saugröhren zu leiten und die oberen mit den unteren durch Schleusen zu verbinden, welche im Bedarfsfall geöffnet werden, nachdem das Leck in dem betreffenden Raum verschlossen worden ist.

Ventilator.

Bei nur oberflächlichem Nachdenken müssen wir schon zu der Einsicht gelangen, daß für ein solches Bauwerk die alten Ventilationseinrichtungen, welche aus einigen leinenen Windsäcken bestanden, nicht mehr ausreichen. Wir sehen daher auf diesen Schiffen eine große Zahl sogenannter Ventilatoren über die Reling hinwegragen: Metallröhren von großem Durchmesser, welche an ihrem oberen Ende die Form einer Muschel haben, deren offene Seite dem Wind entgegengedreht wird, sodaß dieser sich in der Höhlung fängt und nun seinen Weg nach unten in diejenigen Schiffsräume findet, wo die Röhren schließlich münden. Mit dieser Einrichtung war natürlich die Nothwendigkeit verknüpft, für jeden abgeschlossenen Raum auch einen besondern Ventilator anzuordnen.

Der Gesammteindruck, welchen wir bei eingehender Besichtigung der unteren Schiffsräume und deren Bauart empfangen haben, ist ein sinnverwirrender. Wir bewundern den Geist, welcher ein solches Labyrinth erfunden und gebaut hat; wir bewundern aber auch die auf dem Schiff lebenden Menschen, welche mit Hülfe von bunten in den verschiedenen Räumen angemalten Zahlen und Zeichen das ganze Getriebe sicher in der Hand haben und das Bauwerk in vorzüglichem Zustand erhalten. Hier sind es indeß nicht mehr der Kommandant und der Erste Offizier, welchen das Verdienst an der musterhaften Ordnung in erster Reihe zufällt, sondern es sind untergeordnetere Persönlichkeiten: der Maschineningenieur, der Zimmermann und der Pumpenmeister, welch letztere Stelle erst in neuerer Zeit geschaffen worden ist, wie denn die innere Einrichtung der Panzerschiffe überhaupt den Menschen den Weg zu mancherlei neuen Berufsarten, die allerdings zumeist dem Maschinenpersonal zugefallen sind, eröffnet hat.

Als die Schnelligkeit der Schiffe immer mehr gesteigert wurde und diese selbst an Größe zunahmen, mußten sowol aus dem einen wie aus dem andern Grund die Pferdekräfte der Maschinen vermehrt werden, wodurch die Abmessungen ihrer einzelnen Theile wuchsen und auch neue Einrichtungen hinzutraten wie: kleine Hülfsmaschinen, verbesserte Condensatoren und Pumpen für verschiedene Zwecke. Beides machte die Maschinen gegen früher sehr viel größer, sobaß sie auch erheblich mehr Raum im Schiff beanspruchten. Natürlich mußte auch die Kesselanlage für die Dampfgewinnung bedeutend erweitert werden, und zwar nicht nur im Verhältniß zu der größer gewordenen Maschine, sondern in noch ausgedehnterem Maß, weil für das Panzerschiff die Nothwendigkeit vorliegt, im Kampf unter allen Umständen die volle Maschinenkraft zur Verfügung zu haben. Das Schiff muß auch bei zeitweisem Ausfall des einen oder andern Kessels, sowie während der in gewissen Zwischenräumen nothwendig werdenden Reinigung der Feuer, trotz des hierdurch entstehenden Dampfverlusts genügenden Dampfdruck behalten, um mit voller Kraft fahren zu können, und um dies zu ermöglichen, mußte die Zahl der Kessel und der einzelnen Feuerungen so groß bemessen werden, daß das Schiff den Dampfdruck bei gleichzeitiger Heranziehung aller Kessel bequem, bei dem Ausfall eines Theils der Feuerungen aber durch forcirtes Heizen der anderen halten kann. Eine Maschinenanlage nun, welche, wenn sie für 8000 Pferdekräfte berechnet ist, damals schon nahezu 2 Millionen Mark kostete, durfte man nicht mehr unter der Obhut eines Mannes mit Unteroffizierrang — die Maschinisten haben Feldwebelrang — lassen; auch die Wichtigkeit, welche der Maschine als Haupt- und späterhin als alleiniger Fortbewegungskraft der Panzerschiffe zufiel, machte es nothwendig, ihrem verantwortlichen Leiter die Stellung eines Offiziers zu geben. Der Maschinist, welcher früher bei den einfacheren Maschinen gewissermaßen nur ein Maschinentreiber war, mußte jetzt sehr viel eingehendere Kenntnisse von dem Geheimniß der Dampfkraft, ihrer besten Ausnutzung und ihrer Wirkung auf die schweren Eisenmassen der Maschine, sowie über das Wesen des ihm anvertrauten wunderbaren Getriebes der letztern haben, sobaß er in gewissem Sinn aus einem Handwerker ein Ingenieur geworden ist, welcher schon einen bestimmten Grad allgemeiner Bildung haben muß, um sich die für sein Fach erforderlichen Kenntnisse überhaupt aneignen zu können. Uebertrieben ist allerdings die Ansicht mancher Seeoffiziere, daß die bessere sociale Stellung der Maschinisten um deswillen eine Nothwendigkeit sei, weil im Kampf das Wohl und Wehe des ganzen Schiffs eigentlich in der Hand des leitenden Maschinisten oder Ingenieurs liege. Dies ist eine Verkennung der Thatsachen; denn der Mann hat, wie jeder Soldat, die ihm ertheilten Befehle einfach auszuführen, und jeder deutsche Maschinist würde auch in der Stellung eines Unteroffiziers seine Pflicht erfüllen. Thäte er es aber nicht, dann müßte er, ob nun als Maschinist mit Unteroffiziersrang oder als Ingenieur mit Offiziersrang darauf vorbereitet sein, im nächsten Augenblick von einem Offizier im Auftrag des Kommandanten niedergeschossen zu werden, und der nächstälteste Maschinist würde ohne weitere Störung die Führung übernehmen, denn die sämmtlichen Maschinisten, welche in der Maschine selbständige Wache gehen, sind zu ihrer Führung auch befähigt. Eine andere Frage ist nun die, ob sich ohne die thatsächlich eingetretene Verbesserung der socialen Stellung und des Einkommens der hier in Betracht zu ziehenden Fachleute überhaupt noch geeignete Kräfte für die betreffenden Stellen in der Kriegsmarine gefunden hätten, nachdem die großen Dampfschiffgesellschaften ihre leitenden Maschinisten in beiden Beziehungen besser gestellt hatten, als es in der Marine bisher der Fall gewesen war; und diese Frage ist entschieden zu verneinen. So entstanden die Maschinen-Unteringenieure mit dem Rang eines Unterlieutenants; diesen folgten nach einigen Jahren die Ingenieure mit dem Rang eines Lieutenants zur See;

Das Heizerpersonal.

dann wurden auch einige Oberingenieure mit Kapitän-Lieutenantsrang auf den Etat gebracht, und jetzt kennt unsere Marine sogar Stabs-Ingenieure mit dem Rang eines Korvetten-Kapitäns. Ober- und Stabs-Ingenieure sehen wir zur Zeit aber nur in Landstellungen und im Stab eines Geschwaderchefs, jedoch nicht als Leiter von Schiffsmaschinen.

Aehnliche Verschiebungen traten bei dem Heizerpersonal ein. Vordem führte ein Maschinistenmaat die Aufsicht in dem Heizraum, wo Heizer (Gemeine) und einige Oberheizer (Gefreite) die Feuer bedienten. Seine Aufgabe war es, die Wasserstandsgläser und die Manometer an den Kesseln zu beobachten, den Salzgehalt des Kesselwassers zu prüfen und für die richtige Speisung der Kessel zu sorgen, sowol zur Erhaltung des normalen Wasserstands in denselben, wie auch dafür, daß zur Vermeidung des Niederschlags von Kesselstein der Salzgehalt des Wassers kein zu großer würde. Als nun die Kesselanlage sosehr vergrößert worden war, glaubte man, diesen Dienst einem Maschinisten, dem noch einige Maate beigegeben wurden, übertragen zu müssen, zumal der lange Kesselraum durch eine eiserne wasserdichte Wand auch noch in zwei Abtheilungen getrennt ist, welcher Umstand eine verdoppelte Aufsicht nöthig macht. Sehr bald sah man jedoch ein, daß die Verwendung der Maschinistenmaate in dem Heizraum eine Vergeudung von andernorts besser zu verwendenden Kräften sei, und entschloß sich dazu, für diesen Dienst Heizer-Unteroffiziere zu schaffen, was auch noch den Vortheil bot, daß die Heizer nun auch ein begehrenswerthes Fortkommen in der Marine fanden und so Capitulanten gewonnen wurden, wodurch man von nun auch einen festen Stamm altgedienter, mit den Schiffsmaschinen vertrauter Heizer erhielt.

Der Vortheil ist ein doppelter. Die Marine hat gewonnen und das Personal ebenfalls. Wie sich jetzt für die Maschinisten- bezw. Maschineningenieur-Laufbahn junge Leute aus den gebildeteren Ständen finden, wurde den weniger Begabten die Möglichkeit eröffnet, sich in der Heizerlaufbahn eine sorgenfreie Zukunft zu schaffen, da den Heizer-unteroffizieren auch noch Feuermeister mit Deckoffizierrang folgten, nachdem man zu der Erkenntniß gekommen war, daß der Zimmermann weder im Stande ist, den ganzen Schiffsrumpf in seinen vielen kleinen Abtheilungen mitsammt den Lenz-, Feuerlösch- und sonstigen Pumpeneinrichtungen zu übersehen, noch daß er die hierzu erforderlichen Kenntniffe befitzt; es wäre auch unrichtig gewesen, den Zimmermann mit Bezug auf das Pumpen= und Drainagewesen unter den Maschinen=ingenieur zu stellen. Man mußte einen besondern Pumpenmeister haben, welcher, mit dem Schiff fest verwachsen, dieses, wie man so sagt, nur mit seinem Tod oder mit dessen Untergang verläßt. Er ge=hört dauernd zu demselben, auch dann, wenn es außer Dienst befindlich an der Werft liegt, weil zu der Beaufsichtigung des Röhrenwerks doch ein Mann erforderlich ist und diese Aufsicht dann zweckmäßiger immer von derselben Person ausgeübt wird. Es war folgerichtig, daß man für diesen Posten einen Heizer=Unteroffizier wählte, und die große Ver=antwortung, welche der Pumpenmeister zu tragen hat, führte dazu, ihm den Titel Feuermeister mit dem Rang eines Deckoffiziers zu geben.

Kehren wir zu den Schiffen zurück! Die Sucht, die Panzerung immer stärker zu machen und die Artillerie durch größere Kanonen und zweckmäßigere Aufstellung derselben wirkungsvoller zu gestalten, hatte eine solche Summe von Neuerungen in der innern Einrichtung im Gefolg, daß die Panzerschiffe, wenn sie äußerlich ihrem ursprüng=lichen Vorbild auch annähernd noch glichen, innen doch bald ein ganz anderes Ansehen erhielten. Die erste größere Umwälzung trat mit der Aufstellung der Kanonen in drehbaren Thürmen auf. Ein solcher Thurm konnte nicht auf dem Seitenpanzer ruhen und so gewisser=maßen eine Fortsetzung desselben bilden, sondern er mußte ein Bauwerk für sich sein. Er wurde in der Schiffsmittellinie angeordnet, und da sein Durchmesser etwa 8 m beträgt, so bleibt seine Peripherie auf einem Schiff, dessen Oberdeck 15 m breit ist, 3,5 m von den Bord=wänden entfernt. Er war auch zu schwer — auf unsern Thurmschiffen der Preußen=Klasse wiegt er mit den beiden in ihm aufgestellten 26 cm=Geschützen rund 300 Tonnen —, um in einfacher Weise auf dem Oberdeck aufgestellt werden zu können, und sein Fuß mußte durch Panzer geschützt sein; er wurde daher in versenkter Lage auf einen besondern Unterbau gesetzt, auf welchem er mit kleinen Rädern steht, die, in einem Kreis angeordnet, seine Drehung ermöglichen. Der Thurm ragt somit durch einen kreisrunden Ausschnitt in dem Oberdeck über dieses hinaus und zwar so weit, daß die Geschützmündungen genügend hoch über dem mit Eisenplatten geschützten Deck liegen, um dieses beim Schießen nicht beschädigen zu können; besondere Vor=

richtungen bilden zwischen Deck und Thurm einen möglichst guten, wenn auch nicht vollkommenen Abschluß gegen das Eindringen von Wasser. Auf einem solchen Schiff sehen wir die Kanonen also nicht mehr in einem gemeinsamen großen Raum unterhalb des Oberdecks, sondern sie stehen in ihren Schneckenhäusern über diesem und über dem ganzen Schiffsrumpf. Die frühere Batterie wird nur noch als

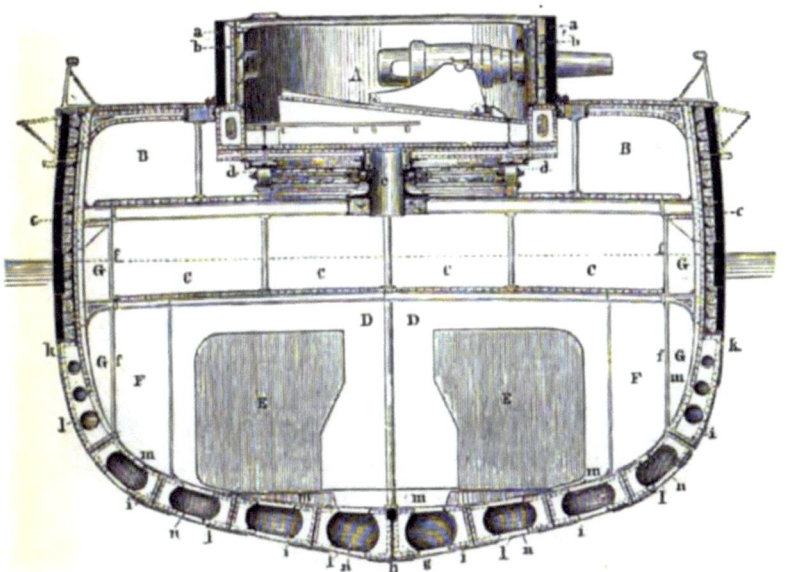

Querschnitt des Panzerschiffs „Preußen" mit dem Panzerthurm und dessen Unterbau.

A Panzerdrehthurm
B Batteriedeck
C Zwischendeck
D Last (Maschinenraum)
E Dampfkessel
F Kohlenräume
G Wallgänge

a Eisenpanzer des Thurms
b Panzerhinterlage des Thurms
c Schiffspanzer mit Hinterlage
d Drehvorrichtung des Thurms
e Pivot des Thurms
f Wasserdichte Längsschotten
g Vertikale Kielplatten

h Horizontale Kielplatten
i Längsspanten
k Panzerträger
l Äeußere Beplankung
m Innere Beplankung
n Doppelter (Zellen-) Boden.

Wohnraum benutzt, soweit nicht der innerhalb des Seitenpanzers liegende Raum durch die Einrichtungen zum Drehen der Thürme und für den Munitionstransport in Anspruch genommen wird, und das Oberdeck ist, um den Geschützen das Schußfeld frei zu geben, entweder ganz beseitigt, wie auf dem englischen Thurmschiff „Monarch", wo es nur noch ein Dach für das Batteriedeck bildet, oder es ist, wie auf unseren Thurmschiffen, mit einer beweglichen Reling versehen, die aus einzelnen, nebeneinander liegenden eisernen Schilden besteht, welche bei dem Klarschiff nach außen heruntergeklappt werden. Da

5*

nun aber bei beiden Constructionen das Oberdeck im Kampf nicht mehr begangen werden kann, so ist zur Bedienung der Takelage ein sogenanntes Sturmdeck hinzugetreten, welches über den Thürmen liegt und sich anfänglich über einen großen Theil des Schiffs erstreckte, jetzt aber nach Fortfall des Takelwerks wieder auf das Maß einer großen Kommandobrücke zurückgeführt ist. Eine Back, welche gleichzeitig die Seefähigkeit des Schiffs erhöht, ergänzte das Sturmdeck für die Bedienung des Fockmasts und des Vorgeschirrs.

Thurmschiff „Preußen" mit Gefechtstakelage.

In dem Zwischendeck und in den Lasten behaupten noch immer die alten Einrichtungen das Feld. Zur Bedienung der Drehvorrichtung der Thürme sind kleine Dampfmaschinen vorhanden, wenngleich es auch noch eine Einrichtung für Handbetrieb gibt. Die Hülfsmaschinen, welche man bislang ängstlich von den Kriegsschiffen fern gehalten hatte, weil man für alle Zwecke des Schiffs die erforderlichen Menschenkräfte besaß, diese auch beschäftigen mußte und ihnen mehr als den Maschinen vertraute, breiten sich immer mehr aus. Auf den Thurmschiffen haben wir schon Hülfsmaschinen zum Ankerlichten, zum Heißen der Asche, zum Drehen der Panzerthürme; und Anfang der siebziger Jahre trat noch für alle Panzerschiffe das Dampfruder hinzu, welchem im Lauf der Zeit noch andere derartige Einrichtungen folgten.

Das Dampfruder mußte man einführen, weil es nicht mehr möglich war, mit den alten Einrichtungen unter Anwendung von Menschenkraft die 20—30 qm große Ruderfläche eines Schiffs von

8—10000 Tonnen Gewicht bei 14 Knoten Fahrt schnell genug zu bewegen. Es ist eine sinnreich zusammengesetzte Maschine, welche unmittelbar oder durch eine Wellenleitung mit dem Ruder in Verbindung steht und ihre Kraft auf dieses nach dem Willen eines einzelnen Menschen überträgt, welcher mit einem kleinen Rad und einem bis zur Rudermaschine reichenden Gestänge dieser Dampf zuführt und sie in Bewegung setzt, etwa in der Weise, daß die Bewegung nach der einen Seite dem Vorwärtsgang und die nach der andern Seite dem Rückwärtsgang einer gewöhnlichen Maschine entspricht. Der Dampf hat nur so lange Zutritt zu der Maschine, als das kleine Handsteuerrad gedreht wird; sobald daher die Drehung aufhört, bleibt auch die Maschine stehen und hält gleichzeitig das Ruder in seiner augenblicklichen Lage fest.

Denjenigen Schiffen, welche man ohne Takelage construirte, mußte man auch noch Maschinen zum Aus- und Einsetzen der großen Boote und zum Heben sonstiger Lasten geben; zu diesen kommen später noch solche zum Ventiliren der unteren Räume, für den Munitionstransport und zur Erzeugung von elektrischem Licht. Für die Drehvorrichtungen der Panzerthürme bezw. der Geschützstände auf Drehscheiben und für den Munitionstransport sind dann vielfach auch hydraulische Maschinen angewendet worden.

Die Takelage wurde, wie wir bereits gehört haben, bei den ersten Thurmschiffen noch beibehalten und zwar in der ursprünglichen vollen Größe; die von den Engländern Ende der sechziger Jahre construirten Schiffe dieser Art, deren erstes 1871 vom Stapel gelassen wurde, erscheinen jedoch schon ohne dieselbe, um den Thurmgeschützen das Schußfeld in der Kielrichtung nach vorn und hinten freizugeben, und sie fiel dann auch bald bei den neueren Kasemattschiffen fort oder wurde so beschnitten, daß sie nur noch als eine Nothtakelage anzusehen war. Mitte der achtziger Jahre nahm man schließlich auch den alten Panzerschiffen ihr stolzes Takelwerk und ließ ihnen nur die Maststümpfe, nämlich die Untermasten mit einigen Signalraaen.

Die einschneidendste Veränderung erfuhr der Schiffbau mit der Einführung des unter der Wasserlinie liegenden Deckspanzers bei gleichzeitigem Wegfall eines Theils des Gürtelpanzers. In dem vorigen Abschnitt (S. 49) ist zwar ausgeführt, daß ein Schiff mit den durch

70 2. Panzerschiffe.

Decks= und Kasemattpanzer geschützten Theilen noch genügende Schwimmkraft hat; ein so construirtes Schiff muß aber doch sehr erheblich an Geschwindigkeit verlieren, wenn in Folge Durchschießens der ungepanzerten Seitenwände Wasser einbringt und dieses den Theil des Schiffsraums, 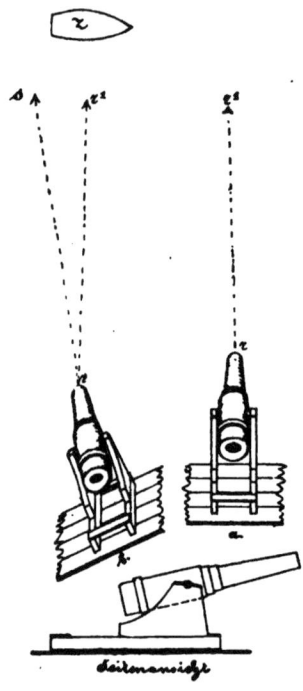 welcher zwischen Deckspanzer und Wasserlinie liegt, ausfüllt, weil das Schiff durch das Mehrgewicht des Wassers einen entsprechend größern Tiefgang erhalten muß. Ferner muß auch in dem Fall, wo nur das Vor= oder das Hinterschiff in dieser Weise mit Wasser belastet wird, sowol die Lage des Rumpfs eine so ungünstige werden, daß neben dem Verlust an Geschwindigkeit auch noch ein solcher an Steuerfähigkeit unvermeidlich ist, wie auch die Horizontallage der Geschützaufstellung aufhört, womit ein genaues Schießen ausgeschlossen ist, denn die Elevirung des Geschützrohrs wird jetzt gleichzeitig zur Seitenrichtung, das Geschütz schießt in solchem Fall zu kurz, wie auch nach der einen oder andern Seite vorbei. Das Geschütz, welches in der nebenstehenden Figur in der Stellung a eine Schußrichtung r—r' hat, wird in der Stellung b, wo es seitlich geneigt ist, nicht mehr in der Richtung r—r', sondern nach s schießen, sein Geschoß muß also auf weitere Entfernungen an einem Ziele z vorbeifliegen. Schließlich ist es mehr als fraglich, ob ein in der angegebenen Weise mit Wasser angefülltes Schiff, wenn es auch bei ruhiger See genügende Schwimmkraft besitzt, bei bewegter See noch seefähig sein wird. Bei jedem Einstampfen, wo der Bug vorn tiefer eintaucht und das Heck sich hebt, muß das in beiden Schiffsendtheilen enthaltene Wasser nach vorne strömen, das Hinterschiff wird von dem Wasser, welches zum größten Theil wieder nach außen entweicht, entlastet, die Wassersäule in dem Vorschiff wächst dagegen und der Gewichtsunterschied wird ein so großer werden, daß das Vorschiff sich wahrscheinlich nicht mehr heben kann, sondern weiter tauchen und so das ganze Schiff in die Tiefe ziehen wird. Um diesen verschiedenen Nachtheilen zu begegnen, hat man noch ein Deck in das Schiff in die Höhe seiner Wasserlinie gelegt und den Raum zwischen diesem und dem unter ihm liegenden Panzerdeck in Zellen eingetheilt, sodaß z. B. auf den Schiffen unserer Sachsen-Klasse der betreffende Raum in dem Vorschiff 30 und der in dem Hinterschiff 36 solcher Zellen aufweist, und daß ein Panzerschiff neuerer Construction im ganzen mehr als 200 Zellen hat. Ja, man ging in den Sicherungsmaßregeln noch weiter und construirte den ganzen Bau von vornherein so, daß die über dem Panzerdeck gelegenen Zellen zu einem Theil belastet sein müssen, um dem Schiff die richtige Stabilität zu geben, und zum andern Theil mit Kork angefüllt sind. Die ersteren dienen zur Aufnahme von Vorräthen aller Art und von Reservekohlen, also Gegenständen, welche in der Mehrzahl schwerer als Wasser sind, sodaß dieses, wenn ihm der Zutritt möglich wird, schon gefüllte Räume vorfindet und daher nur in geringer Menge eindringen kann; die letzteren

gestatten natürlich auch nur einen geringen Wasserzufluß, der sich noch weiter vermindert, sobald der Kork zu quellen anfängt. Mit der Unterbringung der Vorräthe in den genannten Zellen ist natürlich der weitere Vortheil verknüpft, daß die eigentlichen Lasträume zum Theil leer bleiben und gewissermaßen als Schwimmblasen wirken.

Diese Bauart hat naturgemäß eine ganze Reihe von besonderen Eigenthümlichkeiten im Gefolg, deren wichtigster Theil das Panzerdeck ist. Dieses muß selbstverständlich einen durchaus sichern wasserdichten Verschluß nach denjenigen Räumen bilden, welche es gegen Wassersgefahr schützen soll, womit eigentlich schon seine Eigenart gekennzeichnet ist: es muß mit den Seitenwänden des Schiffs und mit den Querwänden der Kasematte so innig wie nur möglich verbunden sein, es darf in seiner ganzen Ausdehnung kein Luk und keine Oeffnung irgendwelcher Art haben. Dies war nur dadurch zu erreichen, daß man das Panzerdeck zum obern Abschluß des eigentlichen Schiffsrumpfs machte und auf dieses dann erst den Oberbau, welcher zur Unterbringung der Menschen und zur Erhöhung der Schwimm- und Seefähigkeit des Schiffs erforderlich ist, setzte. Fig. 1 (s. S. 71) zeigt uns ein Schiff dieser Art in seinem Grundplan, in Fig. 2 sehen wir das vervollständigte Schiff, wo die schraffirten Theile die Ergänzungsbauten bilden, Fig. 3 stellt den Querschnitt mit dem gewölbten Panzerdeck und den darüber liegenden Zellen dar.

Rechnen wir nun, daß das Schiff zu einem Drittheil seiner Länge in der Mitte mit Seiten-, b. h. Kasemattpanzer geschützt ist, dann erstreckt sich das Panzerdeck über zwei Drittheile des Schiffs, und wir haben, wenn das letztere 90 m lang ist, ein Vorschiff und ein Hinterschiff von ungefähr je 30 m Länge, in deren Unter- bezw. Hauptbau ein natürlicher Luftausgleich nicht mehr möglich sein kann und wohinein kein Strahl des Tageslichts mehr bringt. Künstliche Lufterneuerung ist hier eine Nothwendigkeit, um der Entwickelung von Brutstätten verschiedenartigster Krankheitskeime für die Menschen und schädlicher Einflüsse für das Baumaterial vorzubeugen, um den Menschen, welche sich zur Ausübung ihres Dienstes in diesen Räumen vorübergehend aufhalten müssen, überhaupt das Athmen und dem nothwendigen künstlichen Licht[1] das Brennen möglich zu machen, denn wenn die untersten Räume des Vorschiffs auch nur selten begangen werden, so müssen doch, wenn das Schiff in Bewegung ist, in seinem hintern Theil stets Menschen anwesend sein, um den Bewegungsapparat des Ruders und die Stopfbuchsen und Lager der Schraubenwellen dauernd zu beaufsichtigen und in Ordnung zu halten. Wenn nun auch die Zellen unter dem Panzerdeck nicht so klein wie die über demselben sind, so sind sie doch auch voneinander abgeschlossen und der Weg von der einen in die andere führt durch sogenannte Mannlöcher, kleine Klappen, welche einem mittelstarken Mann eben das Durchkriechen gestatten und die er hinter sich gleich wieder fest verschließen muß. Einfache mit der äußern Luft in Verbindung stehende Röhren können hier nicht mehr als Ventilatoren wirken, sondern ein Druckwerk muß die frische Luft in diese Zellen hineinpressen und ein Saugwerk muß die verbrauchte aufsaugen; jede Zelle muß daher durch

---

[1] Die elektrische Beleuchtung wurde erst später eingeführt.

zwei wasserdicht eingebettete Röhren mit den Ventilationsmaschinen in Verbindung stehen. So sehen wir zu den uns bereits bekannten Rohrleitungen für Pumpen und Spritzen neue hinzutreten. Für die Zellen auf dem Panzerdeck sind natürlich auch Zugänge erforderlich; diese hat man aber nicht in die Seitenwände gelegt, sondern jeder Raum hat ein wasserdicht verschließbares Luk von oben erhalten, welches bei gutem Wetter am Tage offen steht und dann nur mit einem Rostwerk belegt ist, sobaß hier ein natürlicher unmittelbarer Luftausgleich stattfindet.

Der Bau wird immer verwickelter, sowol für den Constructeur, wie für die Menschen, welche ihn bewohnen und seinem Beruf entgegenführen sollen, und er wird zu einer Folter und einem geradezu fürchterlichen Aufenthalt für die, welche sich zeitweise in seinen untersten und hintersten Räumen aufhalten müssen und dort während dieser Zeit lebendig begraben sind. Wir wollen versuchen, uns ein Bild von ihrer Lage zu entwerfen. Der Raum ist so niedrig, daß man in ihm nicht stehen, sondern nur sitzen kann; eiserne, roth angestrichene Wände, von denen niedergeschlagenes Wasser abtropft, umgeben uns; zwei Laternen [1] erhellen nothdürftig den Raum, in welchem die Steuervorrichtung mit Geknarre und Kettengerassel hin- und herarbeitet; wir hören das betäubende Schlagen der Schiffsschrauben und das Rauschen des an dem Schiffsboden sich reibenden Wassers, auch das durch die Ventilationsröhren bis hierher dringende Geklapper der Ventilationsmaschinen und das Tosen der großen Schiffsmaschinen; wir empfinden die Erschütterungen des schnell fahrenden Schiffs, welche uns in Mitleidenschaft ziehen; ein unangenehmer Geruch, von dem Schmiermaterial und den in den unteren abgeschlossenen Räumen fast stets herrschenden Dünsten herrührend, widert uns an; schwüle, fast unerträgliche Hitze macht uns schlaff und hinfällig. Wir sehen die beiden hier sitzenden Zimmermannsgasten oder Matrosen, wie sie gespannt darauf achten, daß sie nicht von dem in Bewegung befindlichen Getriebe erfaßt werden, welches sie doch in all seinen einzelnen Theilen dauernd im Auge behalten müssen. Zu allem müssen wir noch hinzurechnen, wie die beiden Leute sich wohl bewußt sind, daß der Weg aus dieser eisernen Höhle nur durch etwa acht Wände, deren

---

[1] Jetzt meist Glühlichtlampen.

kleine Thüren jedesmal erst geöffnet werden müssen, führt und der Ausgang aus diesem Labyrinth 25—30 m weit ab in der Kasematte liegt. Sie wissen daher, daß sie bei einem Unglücksfall, welcher das Hinterschiff trifft, wahrscheinlich verloren sind, ohne einen Versuch zur Rettung machen zu können, weil ihnen der Rückzug abgeschnitten ist und ihnen wol nur in den seltensten Fällen rechtzeitig Hülfe werden kann, um sie vor dem Tod des Erstickens oder des Ertrinkens zu bewahren. In Friedenszeiten muß die Möglichkeit einer solchen Katastrophe das menschliche Gemüth schon beunruhigen; um wieviel größer aber muß die Aufregung werden, wenn oben der Kampf tobt und der hier unten eingeschlossene Mensch weder sieht noch hört, was oben vorgeht; wenn er jeden Augenblick darauf vorbereitet sein muß, durch eine feindliche Ramme oder durch einen Torpedo ums Leben zu kommen. Wir werden es daher als eine Pflicht der Menschlichkeit anerkennen, daß diese Posten während eines Gefechts nicht dauernd von denselben Personen eingenommen werden, sondern daß eine häufige Ablösung erfolgt und daß derselbe Mann während einer Campagne nicht zum zweiten mal auf diesen verlorenen Posten kommandirt wird. Ja, man wird wol mit der Zeit diesen Raum auch telephonisch mit der Kasematte verbinden, um den Eingeschlossenen hierdurch die Möglichkeit einer Verständigung mit den Außenstehenden und somit ein gewisses Gefühl der Sicherheit zu geben. Man kann allerdings sagen, daß das gesammte Maschinenpersonal und namentlich die Leute in den Kohlenbunkern sich in ähnlicher Lage befinden; man darf aber nicht vergessen, daß diese Leute doch dauernd körperlich und zum Theil auch geistig angestrengt thätig sind und daher wenig Zeit zum Nachdenken finden.

Diese eigenthümliche Bauart forderte natürlich gewaltsam die elektrische Beleuchtung, nachdem die Schiffe überhaupt mit Dynamomaschinen versehen worden waren, um die Lichtquelle für die elektrischen Scheinwerfer zu schaffen, welche man zur Beleuchtung des Fahrwassers und zur Abwehr nächtlicher Torpedobootsangriffe nicht mehr entbehren konnte. Das elektrische Licht war nicht nur nothwendig, um mit einem Schlag das ganze Schiff in seinen vielen kleinen abgeschlossenen Räumen erleuchten zu können, sondern namentlich um Licht zu erhalten, welches unabhängig von atmosphärischer Luft war;

daß das elektrische Licht auch eine bessere Leuchtkraft besitzt, ist hier nur ein nebensächlicher Vortheil. So sehen wir denn bald dieses Licht auf den Panzerschiffen allgemein eingeführt.

Die neueren französischen und italienischen mit einem Panzerdeck versehenen Schiffe weichen allerdings von der vorstehend beschriebenen Einrichtung mehr oder weniger ab, und zwar die französischen, weil sie das Panzerdeck nicht unterhalb der Wasserlinie, sondern über derselben als obern Abschluß des Gürtelpanzers haben, bei ihnen daher alle die Sicherungsmaßregeln, welche für ein Schiff mit einem unterhalb der Wasserlinie angeordneten Panzerdeck nothwendig sind, hinfällig werden (s. S. 54); die italienischen, weil das Panzerdeck, welches sich wegen Fehlens eines Seiten= bezw. Kasemattpanzers über das ganze Schiff erstreckt, mit Oeffnungen versehen sein muß, und zwar nicht nur mit solchen, welche den Zugang zu den unteren Schiffsräumen gestatten und während des Gefechts geschlossen bleiben können, sondern auch mit anderen, welche einerseits den Maschinen= und Heizräumen auch während des Kampfs die erforderliche frische Luft zuführen, andererseits den Munitionstransport aus den untersten Räumen zu den Geschützen ermöglichen; auch sind selbstverständlich große Luken für die Schornsteine erforderlich (s. S. 55).

Die Italiener haben sich in der Weise geholfen, daß sie die für die Schornsteine ausgeschnittenen Oeffnungen gleichzeitig als Luftschächte benutzten, und sie haben die großen Luken mit einem starken bis über die Wasserlinie reichenden Panzerwall umgeben, mithin eigentlich den Seitenpanzer von der äußern Bordwand vertheilt in das Schiffsinnere gelegt; das Luk für den Munitionstransport ist mit einem bis zum Oberdeck reichenden Panzerschacht umgeben worden. An der Skizze des Panzerschiffs „Italia" (S. 55) zeigen uns die matt schraffirten Theile den innerhalb der Bordwände liegenden Panzer.

Schließlich haben wir noch einer Neuerung zu gedenken, welche im Schiffbau gewissermaßen den überall im Leben stattfindenden Kreislauf darstellt. Es ist die Aufstellung leichterer Geschütze in einer gemeinsamen ungepanzerten Batterie, womit wir zur Zeit, wie am Schluß des vorigen Abschnitts schon ausgeführt worden ist, wieder bei den alten Batterieschiffen angelangt sind, denn die neuesten englischen Panzerschiffe haben neben der, theilweise hinter Panzerschutz stehenden Panzerartillerie von 4 34 cm=Geschützen und neben den in dem ganzen Schiff vertheilten 25 Schnellfeuerkanonen noch eine un= gepanzerte Batterie von 10 15 cm=Geschützen; die französischen Schiffe haben neben 4 34 cm= und einer Zahl Schnellfeuerkanonen eine solche Batterie von 12 14 cm=Geschützen und die italienischen Schiffe eine solche von 8 15 cm= und 16 12 cm=Geschützen, und wir können rechnen, daß jede dieser Kanonen eine Bedienung von 8—10 Mann erfordert.

Fassen wir, nachdem wir das Panzerschiff der Gegenwart in seinen einzelnen Theilen kennen gelernt haben, das Bauwerk als Ganzes zu= sammen, dann schwimmt vor unserm geistigen Auge auf dem Meer ein gewaltiges Ungethüm, an dem alles das, was noch an den Be= griff „Schön" erinnern könnte, beseitigt ist; hier hat nur noch das Zweckmäßige eine Daseinsberechtigung. Wer nicht an den Anblick dieser Kriegsmaschinen gewöhnt ist, wird kaum in diesen unschönen, plumpen schwimmenden Festungen, welche so schwer auf dem Wasser liegen, als ob sie jeden Augenblick versinken möchten, Schiffe und noch dazu solche von hervorragender Geschwindigkeit und Manövrirfähigkeit vermuthen. Der Sturm kann nicht mehr in ihrem Takelwerk heulen; aber wenn alle Maschinen arbeiten, die großen, welche das Schiff treiben, die Speisepumpen, die Maschinen zum Ventiliren, die zur Erzeugung des Lichts und zum Heißen der Asche, dann vereinigen sich das Schlagen, Tosen, Summen, Klappern, Knarren und Rasseln zu einem gewaltigen Dröhnen, gegen welches das Sturmesheulen an= genehme Musik ist.

Die Waffen und ihr besonderer Zweck.[1]

Die auf den Panzerschiffen zur Zeit im Gebrauch befindlichen Waffen sind:

1. Die großen Kanonen mit einem Kaliber von 17 bis über 40 cm.
2. Die leichteren „ „ „ „ bis zu 15 cm.

---

[1] Wie wir früher schon gehört haben, ist das Panzerschiff der Träger der sämmtlichen im eigentlichen Seekrieg vorkommenden Waffen; das, was wir hier kennen lernen werden, hat daher auch Geltung für die Waffen aller Schiffe und Fahrzeuge.

3. Schnellfeuerkanonen mit einem Kaliber von 6—15 cm.
4. Revolverkanonen oder Mitrailleusen mit kleinem Kaliber von etwa 1—8 cm.
5. Der Torpedo.
6. Der Sporn oder der Rammbug.
7. Die Handfeuerwaffen (Gewehr mit Seitengewehr und Revolver).

Die Gestalt der unter 1 und 2 genannten Kanonen, ihre Größe, die Art ihrer Bedienung und die Bestandtheile der Ladung sind allgemein bekannt. Weniger bekannt ist, wie die Geschütze zu ihrer Unterscheidung heute benannt werden; mit dieser Frage wollen wir uns daher etwas eingehender beschäftigen und dabei auch das für uns Wissenswerthe über die Geschosse kennen lernen.

Die frühere Benennung der glatten Kanonen, welche nach dem Gewicht der eisernen Vollkugel[1] erfolgte, da das Gewicht dieser in einem ganz bestimmten Verhältniß zu ihrem Durchmesser steht, konnte mit der Einführung der gezogenen Geschütze nicht mehr beibehalten werden, weil das Geschoß keine Kugel mehr ist, sondern ein langgestreckter cylindrischer Körper mit ogivaler (spitzbogenförmiger) Spitze. Auch besteht das Geschoß nicht mehr aus Eisen allein, sondern zu einem kleinen Theil auch aus Blei oder Kupfer, weil es, um von der Ladung in die Züge der Rohrseele gepreßt werden und diesen folgen zu können, mit einem Mantel oder mit Ringen aus weicherem Metall umgeben sein muß, wozu man Blei oder Kupfer gewählt hat. Das Gewicht solcher Geschosse, welche im übrigen auch nur noch als Granaten auftreten, kann daher bei verschiedenem Durchmesser nicht mehr in einem gleichen Verhältniß zu diesem stehen, weshalb man zu einer andern Bezeichnung schreiten mußte und nun den mit dem Namen „Kaliber" gekennzeichneten Durchmesser der Rohrseele zur Grundlage nahm, welchen die Engländer nach Zollen, die meisten übrigen Staaten nach Centimetern rechnen. Ein 34 cm=Geschütz ist also ein solches, dessen Rohrseele einen Durchmesser von 34 cm hat; ein 10zölliges Geschütz hat einen Seelendurchmesser von 10 Zoll. Zu genauerer Bezeichnung der Kanonen gebraucht man neuerdings

---

[1] Eine Kanone, welche eine 12pfündige Kugel schoß, wurde 12=Pfünder, eine solche mit 36pfündiger Kugel 36=Pfünder genannt.

aber auch noch eine Ergänzung, indem man die Geschütze in kurze und lange, also z. B. kurze 34 cm- und lange 34 cm-Kanonen eintheilt, aus Gründen, welche wir gleich kennen lernen werden.

Ursprünglich gab man einer Kanone als Ladung so viel Pulver, als das Rohr für eine große Zahl von Schüssen gut aushalten konnte, ohne der Gefahr des Zerspringens ausgesetzt zu werden; daneben wurde die Ladung natürlich so bemessen, daß das Pulver in dem Rohr vollständig zur Verbrennung kam, ehe das Geschoß dieses verließ. Bei den gezogenen Geschützen konnte man aber nicht mehr so summarisch verfahren, denn ihr Vorzug besteht ja darin, daß das Geschoß infolge seiner eigenen ununterbrochenen Drehung in der Flugbahn die ihm gegebene Richtung genau einhält. Die Wirkung der Ladung darf daher eine gewisse Grenze nicht überschreiten, d. h. die auf das Geschoß übertragene Kraft muß diesem zwar die größtmögliche Geschwindigkeit verleihen; sie darf dagegen nicht so groß werden, daß das Geschoß in seinem Vorwärtsdrang die Züge überspringt, weil damit der Vortheil des gezogenen Geschützes wieder verloren gehen würde. Die hierfür erforderliche Kraft kann man aber nicht errechnen, und die günstigste Drehung der Züge (der Drall) ist nicht im voraus bestimmbar; hier konnten also nur praktische Versuche zu einem Ziel führen. Dieselben wurden von den Artillerieprüfungscommissionen verschiedener Staaten gemacht; über die Zeitabschnitte und die Mühen, welche erforderlich waren, um brauchbare Zahlen zu erhalten, könnten uns die Akten dieser Behörden die beste Auskunft geben.

Als das gezogene Geschütz in die Marinen eingeführt wurde, hatte es aber nur gegen hölzerne Schiffswände oder gegen Küstenbefestigungen aus Erdwällen und Mauerwerk zu kämpfen, seine Aufgabe war daher eine so einfache, daß man sich mit den kleineren Kalibern von 12—17 cm begnügen konnte, weil die von diesen geworfenen langen Granaten schon ein verhältnißmäßig großes Gewicht (bei dem 15 cm-Geschütz z. B. das Dreifache der Vollkugel) hatten, und weil mit einer größern Zahl dieser durchaus wirkungsvollen Geschütze zweifellos mehr zu erreichen war, als mit einer geringen Zahl schwererer Kanonen. Sobald man daher einen brauchbaren Drall und eine zweckmäßige Pulverladung für diesen gefunden hatte, mit welchem dem Geschoß eine stets gleichmäßige Flugbahn gesichert war, konnte man sich mit dem erzielten Erfolg zufrieden geben und das Geschütz als ein fertiges und brauchbares betrachten.

Anders stellte sich die Sache, als der Panzerschutz zur Anwendung kam, weil die Anforderungen, welche nun an das Geschütz gestellt werden mußten, sehr viel größere wurden; die vorhandene Granate hatte weder genügende Durchschlagskraft, noch war sie in Construction und Material geeignet, eine Panzerwand zu durchbrechen. Die Energie oder lebendige Kraft des Geschosses, welche sich aus Gewicht und Geschwindigkeit zusammensetzt, reichte nicht aus; das Material war zu weich, die Geschoßspitze zu stumpf und die Art des Zünders brachte die Granate zu schnell zur Explosion, als daß diese sich in das Eisen hätte einbohren können. Der Zünder war und ist[1] nur für den in einer Holzwand, bezw. im Erdreich und Mauerwerk liegenden Widerstand berechnet, er kommt zur Wirkung, sobald das Geschoß in dem Augenblick des Einschlagens in das Ziel die geringste Verzögerung erleidet, und er bringt dieses zur Explosion, sobald es sich in ein nicht zu widerstandsfähiges Ziel mehr oder weniger eingebohrt hat. Gegen Panzerwände ist ein derartiger Zünder also nicht zu gebrauchen, weil er bei dem großen Widerstand, welchen das Geschoß hier findet, zu schnell wirkt; dieses explodirt daher zu früh und seine einzelnen Splitter prallen machtlos an der Panzerwand ab. Ein Vollgeschoß derselben Art wäre aber auch wegen ungenügender Härte des Materials und wegen mangelnder Energie kein Panzergeschoß gewesen; man mußte daher dazu übergehen, Geschosse aus besserm Material mit größerer Energie zu schaffen. Die letztere Aufgabe war nur mit einem größern Kaliber zu lösen, denn das vorhandene Geschoß hatte schon seine größtmögliche Länge (etwa dreimal den Durchmesser der Seele oder 3 Kaliberlängen) und damit annähernd auch seine Gewichtsgrenze erreicht, auch konnte man seine Geschwindigkeit nicht durch Vergrößerung der Pulverladung vermehren, weil hier die Grenze ja auch durch den Drall bestimmt wurde und bereits erreicht war. Das Kaliber der Kanonen wurde mithin vergrößert, und für die Geschosse wurde ein

---

[1] Dieses Geschoß ist auch heute noch in veränderter Form als sogenannte Zündergranate im Gebrauch.

härteres Material: Stahl und sogenannter Hartguß gesucht. Die Kanonenfabriken und Prüfungscommissionen lösten die gestellte Aufgabe bald; sowol größere Kanonen waren zum Gebrauch fertiggestellt, wie auch Vollgeschosse, welche den zur Zeit vorhandenen Panzer durchschlugen; auch Granaten, was das Werthvollere war, weil man sich von einem Vollgeschoß doch kaum einen nennenswerthen Erfolg versprechen konnte. Diese Granate hat aber keinen Zünder mehr; die Sprengladung wird durch den außergewöhnlich großen Schock, welchen das Geschoß beim Durchbrechen des Panzers erleidet, entzündet und zwar infolge der großen Erwärmung des Geschosses, wie die einen sagen, oder, wie andere behaupten, durch den starken Schlag, welchen das Pulver erleidet, wenn das Geschoß im Panzer urplötzlich in seinem Flug gehemmt wird. Um nun die Energie des schwerer gewordenen Geschosses noch mehr zu erhöhen, versuchte man auch, den Drall zu ändern, um brisanteres, d. h. schneller verbrennendes und daher größere Kraft erzeugendes Pulver anwenden zu können; schließlich aber kam man zu dem jetzt allgemein angenommenen Prinzip, die Energie und namentlich die Anfangsgeschwindigkeit des Geschosses dadurch zu erhöhen, daß man die Pulvergase längere Zeit auf das Geschoß wirken läßt. Man hat das Geschützrohr verlängert und wendet an Stelle des brisantern ein langsamer brennendes Pulver an, welches anfänglich nur mit einem Theil seiner Gase das Geschoß verhältnißmäßig weich in die Züge einpreßt und dann erst mit der weitern Verbrennung und weitern Entwicklung seiner Kraft diesem eine immer beschleunigtere Geschwindigkeit verleiht. Hiermit sind dann auch noch die weiteren Vortheile verknüpft, daß durch die allmähliche Entwickelung der Pulverkraft der Druck der Gase auf das Geschützrohr vermindert wird, daß das Geschoß die Züge weniger angreift und durch den letztern Umstand in Verbindung mit der progressiven Zunahme der Geschwindigkeit des Geschosses es möglich geworden ist, den Drall nach der Mündung hin progressiv zu verstärken, sodaß dem Geschoß mit der Beschleunigung seines Laufs gleichzeitig auch eine schnellere Drehung um seine Axe verliehen worden ist, und hierdurch seine Treffsicherheit erhöht wird. Der Erfolg dieses Prinzips ist, daß z. B. das 160 kg schwere Geschoß eines 35 Kaliber langen 24 cm-Geschützes (8,4 m lang) eine größere Durchschlagskraft besitzt, als ein

329 kg schweres Geschoß eines 22 Kaliber langen 30,5 cm-Geschützes (6,7 m), und daß jetzt auch die leichteren Geschütze mit langem Rohr von 15 und 17 cm Kaliber noch gegen schwächern Panzer anwendbar sind. Diese Verlängerung der Rohre gestattete es auch, die Geschosse noch zu verlängern und ihnen hiermit ein größeres Gewicht und vermehrte Energie zu geben. Während man früher auf 2½—3 Kaliber lange Geschosse angewiesen blieb, verwendet man jetzt gegen Panzerwände Geschosse von 3½ Kaliberlänge und gegen ungepanzerte Ziele Zündergranaten von 4½ Kaliberlängen; ein derartiges Geschoß eines 40 cm-Geschützes hat daher bei einem Durchmesser von 40 cm eine Länge von 1,4 bezw. 1,8 m. Es liegt nun die Annahme nahe, daß heutigentags nur noch die langen Kanonen zur Armirung von Schiffen und Festungen herangezogen werden; dies ist aber nicht der Fall, weil doch die örtlichen Verhältnisse auch ein Wort mitsprechen und man nicht überall 10 bis 12, ja bis zu 18 m lange Geschütze (einschließlich der Lafette) aufstellen kann. Man muß daher die verschieden langen Kanonen auch richtig bezeichnen können und theilt sie daher, wenn nur zwei Größen vorhanden sind, in kurze und lange, oder man bezeichnet die Länge nach Kalibern, wie z. B. 35 Kaliber langes 30 cm-Geschütz; 30 bezw. 25 Kaliber langes 40 cm-Geschütz. Die größte bisjetzt erreichte Länge beträgt 40 Kaliber.

Wir kommen nun zu dem Zweck, welchem diese großen Kanonen dienen sollen. Er besteht in der Hauptsache darin, daß die Geschosse den Panzer feindlicher Schiffe durchbohren und somit in diejenigen Theile zerstörend eindringen sollen, welche die Lebensbedingungen eines Kriegsschiffs bedeuten, nämlich die Maschine, die Artillerie und die Steuervorrichtung. Daneben sollen sie selbstverständlich alles zerstören, was sie erreichen können, denn jede dem Feind geschlagene Wunde, sei es an einem Panzerschiff, an einem Aviso oder Torpedoboot, hilft ja mit zum Sieg. Zur Erfüllung dieser beiden Aufgaben bedarf die Kanone verschiedener Geschosse und zwar der sogenannten Panzergranate, der Zündergranate und des Shrapnels. Vollgeschosse verwendet man nicht mehr.

Die Panzergranate wirkt je nach dem Ziel, welches sie findet, als Vollgeschoß oder als Granate. Bei geringem Widerstand wirkt sie als ersteres, bei großem als letztere. Sie ist ein Körper mit scharfer Spitze und starken Wandungen, in deſſen Innerem nur ein verhältnißmäßig kleiner Hohlraum zur Aufnahme der Spreng= ladung vorhanden ist, welch letztere bei den kurzen Geschossen etwa $1/50$ und bei langen $1/65$ des ganzen Geschoßgewichts beträgt, während die Sprengladung bei der 4 Kaliber langen Zündergranate $1/22 — 1/25$ und bei der $4^{1}/_{2}$ Ka= liber langen sogar $1/11 — 1/13$ des ganzen Geschosses wiegt.

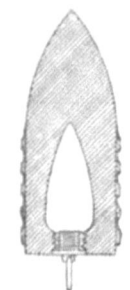

Panzergranate.

Die $3^{1}/_{2}$ Kaliber lange Panzergranate der neuesten Krupp'schen Geschütze wiegt bei dem 15 cm=Geschütz 51 kg, bei dem 21 cm=Geschütz 140 kg, bei dem 28 cm= Geschütz 345 kg und bei dem 40 cm=Geschütz 1050 kg; die Ladung, welche dieſe Geschosse treibt, beträgt je 28,5, 77, 172 und 485 kg Pulver. Daß die leichteren Geschoſſe nur schwächere Panzerziele zu durchschlagen vermögen und daß gegen stärkere Panzerwände die schweren Geschosse zur Anwendung kommen müssen, liegt auf der Hand.

Die Panzergranate soll zur Sprengung kommen, wenn sie das Ziel bereits durchschlagen hat, oder doch wenn sie sich schon innerhalb der Panzerwand befindet. Sie soll in beiden Fällen durch Spreng= stücke und Feuer in der Weise verheerend wirken, daß sie entweder im Innern des Schiffs Menschen und maschinelle Einrichtungen ver= nichtet, oder daß sie bei der Explosion in der Panzerwand dieſe im Eisen und in dessen Holzhinterlage durch Sprengstücke, Pulvergaſe und Feuer so weit zerstört, daß die nächsten Geschosse freiere Bahn finden. Da sie nun gegen ungepanzerte Ziele überhaupt nicht mehr als Granate, sondern als Vollgeschoß wirken wird, welches die Schiffswände wie Papier durchschlägt und nicht nur keine im Ver= hältniß zu dem Werth des Schusses stehende Wirkung, sondern über= haupt kaum eine erzielen wird, so darf man natürlich die Panzer= granate mit Absicht nur zur Beschießung gepanzerter Schiffstheile ver= wenden. Will man aber, und namentlich auf weitere Entfernungen, auf welche die Panzergranate sowieso keine genügende Durchschlags= kraft gegen den feindlichen Panzer besitzt, den Feind doch treffen und schädigen, dann muß man zur Zündergranate greifen, welche, wenn sie auch die Entscheidung nicht herbeizuführen vermag, dieselbe doch anbahnen und einleiten kann.

Die Zündergranate hat, abweichend von dem Panzergeschoß, zur Aufnahme des Zünders eine stumpfe Spitze und besitzt verhältnißmäßig schwache Wände, damit eine große Sprengladung Platz findet; die Wände müssen andererseits aber doch so stark sein, daß das Geschoß genügende Durchschlagskraft gegen ein immerhin noch widerstandsfähiges Ziel behält und daß es nicht schon im eigenen Geschützrohr durch die Pulvergase zertrümmert wird. Eine weitere Folge hiervon ist dann auch, daß nach erfolgter Explosion der Granate die einzelnen Sprengstücke noch ein gewisses Gewicht haben, somit eine möglichst große Energie erhalten und dem Feind den größtmöglichen Schaden zufügen können.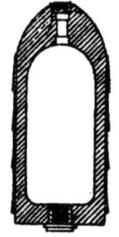

Zündergranate.

Eine solche Granate ist aber, wie wir schon wissen, nicht befähigt, in Panzerwände einzubringen, sie wird vielmehr außerhalb derselben zerschellen; dagegen hat sie wieder eine zu große Energie, um in einer ungepanzerten Wand crepiren zu können und hier ein großes, für das Schiff gefährliches Loch zu reißen, sondern sie wird erst hinter der anfangs getroffenen Wand, also im Innern des Schiffs zur Explosion kommen und hier dann unter Umständen, namentlich wenn sie den größeren Kalibern angehört, eine gewaltige Verwüstung erzeugen; sie wird zu einer durch einen fremden Körper in den Feind hineingetragenen Mine. Im allgemeinen dient die Zündergranate dazu, die nicht gepanzerten Theile eines Schiffs und die über dasselbe hinausragenden Theile, wie Kommandobrücke, Schornsteine und Masten auf weite und nahe Entfernungen zu zerstören. Ein solches Geschoß kann, wenn es auf einem Panzerschiff neuester Bauart zwischen Kommandobrücke und Hauptgeschützstand einschlägt und dort richtig zur Explosion kommt, nahezu die sämmtlichen dort anwesenden Menschen kampfunfähig und einen Theil oder alle Lafetten der zunächst gelegenen Geschütze unbrauchbar machen, sodaß das Schiff seiner Führung und seiner hauptsächlichsten Artillerie beraubt wird, mithin eigentlich sein Heil nur noch in der Flucht suchen kann. Andererseits ist ein solcher Schuß ausreichend, die Schornsteine zu zerstören und damit dem Schiff so viel von seiner Geschwindigkeit zu nehmen, daß dieses, wenn der Kampf für dasselbe weiterhin ungünstig verlaufen sollte, nicht mehr seinem Gegner entfliehen kann, sondern sich ihm ergeben muß. Hieraus ergibt sich der Werth der Zünder= granate eigentlich von selbst. Dieselbe wiegt bei einer Länge von $4\frac{1}{2}$ Kaliber bei dem Krupp'schen 15 cm=Geschütz 51 kg, bei dem 21 cm= Geschütz 140, dem 28 cm=Geschütz 345 und bei dem 40 cm=Ge= schütz 920 kg; die Sprengladung beträgt je 4,10, 11,20, 27,00 und 84,00 kg Pulver.

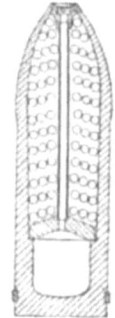

Shrapnel.

Das Shrapnel ist ein eigenartiges Geschoß, welches mit der Schrotpatrone eines Jagdgewehrs verglichen werden kann und eine große Zahl kleiner Kugeln auf eine weite Entfernung hin tragen soll. Aber diese Kugeln können nicht, wie bei dem Schrotschuß, gleich nachdem sie das Geschützrohr verlassen haben, ihren eigenen Weg verfolgen, sondern sie werden in einer eisernen Hülle, welche die äußere Form einer Zündergranate hat, so lange zusammengehalten, als der Schütze dies vorher bestimmt hat. Erst dann wird die Hülle vermittels eines kunstvollen Zünders durch eine in dem Innern gelagerte kleine Pulverladung gesprengt und den einzelnen Kugeln der Weg frei gegeben. Nur so ist es möglich, den Kartätschschuß, an dessen Stelle das Shrapnel getreten ist, auf weite Entfernungen hin auszunutzen. Der Zünder wird durch einen einfachen Handgriff für eine bestimmte Entfernung eingestellt; soll er beispielsweise zur Wirkung kommen, nachdem das Geschoß einen Weg von 3000 m zurückgelegt hat, dann wird durch das Einstellen bewirkt, daß nach einem Zeitmaß, welches der Geschoßgeschwindigkeit für einen Weg von 3000 m entspricht, der Zünder die Pulverladung entzündet[1] und diese nun die Geschoßhülle sprengt. Nur diesen Zweck, den der Zertrümmerung der Hülle, soll die Ladung erfüllen, da die einzelnen kleinen Kugeln ja noch die ursprüngliche Geschwindigkeit des ganzen Geschosses haben und es andererseits nicht in der Absicht liegen kann, ihre ausreichende

---

[1] Trifft das Geschoß ein Ziel, ehe der Zünder die Ladung erreicht hat, dann kommt dieser im Augenblick des Aufschlags des Geschosses zur Wirkung, ist somit doppeltwirkend.

Flugkraft durch eine starke Sprengladung beschleunigen zu wollen, zumal dieser Zweck nicht einmal erreicht werden könnte, weil die neue Kraft die einzelnen Kugeln wahrscheinlich so weit nach allen Seiten schleudern würde, daß sie das eigentliche Ziel verfehlen müßten. Das Shrapnel soll vorzugsweise gegen Menschen und Ziele mit schwachen Wänden gebraucht werden, ist aber auffälligerweise, obgleich es eine vortreffliche Waffe gegen Torpedoboote bietet, in die deutsche Schiffsartillerie noch nicht und in unsere Küstenartillerie nur bis zum 21 cm=Geschütz eingeführt. Das 15 cm=Shrapnel ist mit 600, das 21 cm=Shrapnel mit 1800 Kugeln zu je 25 g gefüllt.

Die Schnellfeuerkanonen sind eine Errungenschaft der letzten Jahre; sie sollen die Stelle der schließlich nun doch als ziemlich werthlos erkannten Revolverkanonen oder Mitrailleusen einnehmen und sie werden vermuthlich die letzteren auch mit der Zeit von den Schiffen ganz verdrängen. Wir können daher diese beiden Schußwaffen zusammen besprechen.

Wie wir wissen, vollzog sich der Umbau der großen hölzernen Fregatten zu Panzerschiffen in der Weise, daß die Schiffe zunächst gepanzert wurden, und daß man nun die Kanonen wirkungsvoller machte; daß dann der Panzer eine immer größere Verstärkung erfuhr und schließlich die Schiffe nur noch einige wenige große Kanonen tragen konnten, wenn diesen die Ueberlegenheit über den feindlichen Panzer gesichert bleiben sollte. Der überlegende und denkende Seeoffizier hat nun vielfach den Kopf geschüttelt, wenn er sich ein Bild von der wahrscheinlichen Entwickelung einer Seeschlacht zu machen suchte. 4—6 Kanonen, jede mit 100 Schuß, standen nur zu seiner Verfügung. Jeder Schuß ist an sich theuer (der Schuß eines 28 cm=Geschützes kostet 700 Mark) und der Vorrath davon ist so klein, daß die Möglichkeit, den Kampf schon auf weite Entfernung beginnen zu können, fast ausgeschlossen schien, weil die Wahrscheinlichkeit des Treffens bei der Unsicherheit der Entfernungsmessung eine zu geringe war und die einzig sichere Art dieser Messung, durch Probeschüsse die richtige Entfernung zu finden, wegen Kostbarkeit der Munition nicht gut angewendet werden konnte. Dabei hielt man daran fest, die Kanonen und die Menschen innerhalb des Panzers zu behalten, und hier war kein Platz mehr für kleinere Geschütze. Allerdings wurden bald doch schüchterne

Versuche gemacht, leichte Geschütze bis zu 8 cm Kaliber auf den Kommandobrücken aufzustellen, um mit ihnen im Nahkampf die feindlichen Kommandoelemente zu zerstören und im Fernkampf den Abstand von dem Feind zu erschießen, und als dann später die Torpedoboote als Kriegsfahrzeuge in die Marinen eingestellt wurden, sah man sich sogar gezwungen, alle Schiffe mit leichter Artillerie zu versehen und diese nach Möglichkeit zu vermehren, weil man nicht mit schweren Panzergeschützen, welche nur alle 3 — 5 Minuten einen Schuß abzugeben vermögen, sodaß man bei 4 Kanonen in der Minute nur auf einen Schuß rechnen kann, gegen winzige Boote kämpfen konnte und man zur Abwehr

3,7 cm = Revolverkanone.

dieser doch ein Artilleriefeuer haben mußte. Für diesen Zweck stellte man dann allerdings noch eine neue Waffe, die Revolverkanone, ein, welche ähnlich wie ein Revolver alter oder neuer Art construirt ist und entweder nur ein Rohr (Lauf), oder ein Rohrbündel hat. Wir haben die Hotchkiß-Kanone mit einem Bündel von 5 Rohren angenommen, weil bei dieser die Gefahr einer zu starken Erwärmung des Laufs vermieden wird, da jeder Lauf immer nur bei jedem fünften Schuß in Thätigkeit tritt. Das kleine Geschütz ruht auf einem Pivot und ist auch in der Senkrechten leicht drehbar. Der eigentliche Schütze stemmt seine linke Schulter in das sogenannte Schulterstück ein und richtet mit diesem das Geschütz; mit der rechten Hand bedient er eine Kurbel und versetzt mit dieser das Rohrbündel in Drehung, von welchem

jedesmal derjenige Lauf, der die Visirlinie schneidet, zum Abschuß
kommt. Ein zweiter Mann legt unausgesetzt in einen an dem Geschütz
befindlichen Trichter, welcher einige Patronen faßt, für jede verschossene
eine neue ein. Das Geschoß, eine kleine beim Aufschlag zur Explosion
kommende Granate, hat noch auf 2000 m eine genügende Durchschlags=
kraft gegen Torpedoboote; das Geschütz kann in jeder Minute 15
Schuß abgeben.

Scheinbar hat diese Waffe so vortreffliche Eigenschaften, daß man
sie sich kaum besser wünschen kann, und man kann sagen, daß die
Offiziere in der Mehrzahl bisher von ihr entzückt waren; den wenigen
aber, welche sie für minderwerthig hielten — zu denen auch ich gehöre —,
wurde ein maßgebendes Urtheil abgesprochen. Die Hauptfehler dieser
Waffe liegen darin, daß erstens die Drehung des schweren Rohrbündels
einen zu großen Kraftaufwand erfordert und so das Geschütz bei Ab=
gabe eines jeden Schusses etwas aus seiner Visirlinie gerissen wird,
daß zweitens der von uns angenommene französische Aufsatz schlechter
als der von dem Erfinder der Waffe gelieferte ist. Zur Belegung
dieser Behauptungen führe ich das Folgende an.

Personen, welche mit diesen Revolverkanonen noch nicht geschossen
haben, stellen häufig bei der Schießübung die Behauptung auf, daß
der Drehungsmechanismus beschädigt sein müsse, weil sie ihn mit ge=
wöhnlicher Muskelkraft nicht zu bewegen vermögen, und ein Fall ist
mir bekannt, wo ein sonst kräftiger Offizier überhaupt nicht im Stande
war, das Geschütz zum Abschuß zu bringen. Ferner wurde bei einem
Vergleichsschießen mit den beiden Aufsätzen festgestellt, daß mit dem
ursprünglichen Aufsatz fast die doppelte Trefferzahl wie mit dem fran=
zösischen erreicht wurde, und dabei hatten die den Vergleich ausfüh=
renden Schützen mit dem letztern die ganze vorhergegangene Schieß=
übung durchgemacht und mit dem erstern bisher noch nicht geschossen.
Trotzdem wurde vom grünen Tisch aus die Einführung des französischen
Aufsatzes anbefohlen.

Die Treffwahrscheinlichkeit der Geschosse ist auch eine wenig be=
friedigende, da die erschossenen Scheibenbilder hauptsächlich nur Treffer
auf Entfernungen unter 600 m aufweisen. Ein Probeschießen von einem
Panzerschiff aus, welches bei ganz glattem Wasser, ruhigem Wetter
und den günstigsten Beleuchtungsverhältnissen mit 9 Knoten Fahrt an

einem alten, 70 m langen und 6 m hohen als Scheibe zugerichteten Schiff, das dicht mit Holzpuppen besetzt war, vorbeifuhr, ergab sogar auf 500 m Entfernung von 50 Schuß nur 9 und auf 200 m Entfernung von 43 Schuß nur 3 Treffer.

Neuerdings ist nun doch die Ansicht durchgedrungen, daß man an Stelle dieser Revolverkanonen, welche man übrigens für gewisse Zwecke noch nützlich verwenden kann und daher auch noch beibehält, wirkungsvollere Geschütze haben muß, und dieser Erkenntniß verdanken wir die Einführung der Schnellfeuerkanone, welche bei sichererer Lafettirung eine größere Treffwahrscheinlichkeit gewährt und dadurch vermuthlich eine bessere Wirkung erzielt, obgleich die Schußzahl in der Minute eine geringere, als bei der Revolverkanone ist, denn die größeren Schnellfeuerkanonen geben in der Minute nur 8—12 gezielte Schüsse ab. Hatte man anfangs auch nur die kleinsten Kaliber zu Schnellfeuerkanonen verwendet, so mußte doch mit der vorschreitenden Aenderung im Schiffbau auch hier eine weitere Entwickelung eintreten. Die großen ungepanzerten Flächen der neuesten Schiffe luden unwiderstehlich dazu ein, Geschütze zu schaffen, mit welchen man diese unbewehrten Schiffstheile unter Feuer nehmen konnte, und so ist man jetzt schon dazu gekommen, 15 cm-Geschütze zum Schnellfeuer einzurichten. Die Bedeutung dieser Thatsache für den Kampf liegt im Folgenden.

Ein großes Panzerschiff mit 4 schweren Geschützen kann gut noch 10 Schnellfeuerkanonen tragen. Jedes der großen Geschütze hat einen Vorrath von 100 Schuß, im ganzen sind also 400 vorhanden; jede größere Schnellfeuerkanone von 10—15 cm Kaliber hat zwar auch nur einen solchen von 100 Schuß, die kleineren aber haben 250—750 Schuß. Rechnen wir nun im Durchschnitt den Vorrath zu 250, dann haben wir für 10 Schnellfeuerkanonen 2500 Schuß. Ferner wissen wir, daß jede große Kanone im Durchschnitt nur alle 4 Minuten einen, jede Schnellfeuerkanone im Durchschnitt dagegen in jeder Minute zehn Schuß[1] abgeben kann und somit auf jeden einzelnen Schuß aus den großen Kanonen 100 Schuß aus den kleinen entfallen. Berücksichtigen wir ferner, daß die großen Zündergranaten immer erst hinter der Bordwand crepiren und daß für jedes derartige Geschoß

---

[1] Die Krupp'sche 8,4 cm-Schnellfeuerkanone gibt in jeder Minute 20 Schuß ab.

100 kleine gerechnet werden können, welche in der Bordwand zur Explosion kommen und hier wahrscheinlich dem ganzen Bau seinen äußern Halt nehmen, dann wird uns klar, daß mit der Einführung der Schnellfeuerkanonen wieder ganz andere Wahrscheinlichkeiten für den Seekampf eingetreten sind, und nun möglicherweise die Bauart der Schlachtschiffe einer neuen Wandlung entgegengehen wird.

Wir kommen nun zu dem Torpedo. Wol noch nie ist eine Waffe in dem Maß überschätzt worden, wie es mit dem Torpedo geschehen, und keiner andern ist jemals von vornherein ein solch unbedingtes Vertrauen entgegengebracht worden, wie dieser, wenngleich auch eine kleine Minderzahl älterer Offiziere in allen Marinen dieses schillernde, gleisnerische Ding mit Mistrauen betrachtet hat und noch betrachtet, und wahrscheinlich mit Recht, wie die Erfahrung dermaleinst vielleicht lehren wird. Jede andere Waffe, mag sie in das Gebiet der schweren oder leichten Artillerie, oder in das der Handwaffen mit und ohne Feuer fallen, muß, ehe sie bei den europäischen Staaten zur Einführung gelangt, eine lange Probezeit durchmachen und sie bestehen, während der Torpedo, als er erfunden war, sofort von allen Marinen ohne weitere Prüfung erworben wurde. Die gezogenen Waffen und die Hinterlader hatten die größten Schwierigkeiten zu überwinden, ehe man sie als kriegsbrauchbar und den alten Waffen überlegen ansah; der Torpedo dagegen wurde von den europäischen Staaten ohne weiteres ebenso angekauft, wie sonst nur die Russen, die südamerikanischen Freistaaten, die Japaner und Chinesen neue Waffen erwerben, wenn diese nur viel Geld kosten. Von ihm, welcher bis zum heutigen Tag noch keinen nennenswerthen Erfolg [1] aufzuweisen hat, wird erwartet,

---

[1] Die Vernichtung des chilenischen Panzerschiffs „Blanco Encalaba", welche durch einen Torpedo erfolgt ist, liefert trotzdem eher den Beweis von dem zweifelhaften Werth der Waffe, als das Gegentheil. Das Schiff war ein altes und nicht nach den Grundsätzen der neuern Schiffbaukunst gebaut. Es lag zu Anker, hatte keinen Dampf, die Posten schliefen und es war somit, da es auch seine Artillerie nicht zur Geltung bringen konnte, eigentlich wehrlos und trotzdem wurde es erst von dem letzten der acht abgefeuerten Torpedos getroffen. Zweifelhaft bleibt auch, ob der „Blanco Encalaba" überhaupt seine wasserdichten Abtheilungen geschlossen hatte. Daß der Torpedo, wenn er zur Action kommt, ein Schiff älterer Bauart zum Sinken bringen kann, ist ja zweifellos erwiesen, nicht aber, wie groß die Wahrscheinlichkeit des Treffens ist.

daß er die Arbeit der Vernichtung einer feindlichen Flotte spielend verrichtet.

Den ersten Gedanken zu diesem unterseeischen Sprengkörper mit eigener Bewegung gab der österreichische Fregattenkapitän Lupis. Denselben weiter ausgeführt und zu einem praktischen Ergebniß geführt zu haben, ist das Verdienst des englischen Ingenieurs Whitehead, welcher denn jetzt auch allgemein als der Erfinder betrachtet wird.

Es war schon seit den ältesten Zeiten das Bestreben gewesen, eine Waffe zu finden, mit welcher man in heimtückischer und hinterlistiger Weise feindliche Schiffe unter Wasser treffen könne, ohne sich selbst irgendeiner Gefahr auszusetzen. In neuerer Zeit, mit Einführung der Panzerschiffe, gewann die Beschaffung einer derartigen Waffe erhöhte Bedeutung. Man hat es mit unterseeischen Minen versucht, welche im Schutz der Nacht durch ein kleines Boot an dem feindlichen Schiff befestigt und dann zur Entzündung gebracht wurden; man hat sich auch mit der Erfindung von Taucherbooten abgequält, welche dieselbe Arbeit bei Tag verrichten sollten; im Wasser treibende Minen, welche an einer Leine außerhalb des Schiffs schwammen, sollten sich bei schneller Fahrt von diesem entfernen, sollten ein feindliches Schiff treffen und in demselben Augenblick zur Explosion kommen. Es wurden auch Versuche gemacht, ein Unterwassergeschütz zu erfinden, welches wie eine gewöhnliche Kanone eine Granate unter Wasser in den feindlichen Rumpf entsenden sollte; natürlich ohne Erfolg, da der Widerstand des Wassers zu groß ist, sowol um ein Geschoß durch dasselbe treiben zu können, wie auch um überhaupt eine starke Ladung anwenden zu können, denn mit einer solchen muß die Gefahr für das eigene Geschütz größer werden als für den Feind. Es blieb also ausgeschlossen, ein Geschoß unter Wasser durch einen einmaligen Druck bis zu einem weiter entfernt liegenden Ziel mit einer nur nennenswerthen Geschwindigkeit zu treiben, und der einzige Weg, auf welchem ein Ergebniß vielleicht erzielt werden konnte, war der, ein Geschoß zu finden, welches nach dem Prinzip der Rakete die treibende Kraft in sich selbst trägt und zwar eine Kraft, die während einer gewissen Zeitspanne sich stets gleich bleibt, somit auch dem Geschoß eine gleichmäßige Geschwindigkeit verleiht. Auf diesen Weg hat Herr Lupis hingewiesen und Herr Whitehead hat uns dann schließlich

Der Torpedo.   91

das fertige Unterwassergeschoß geliefert, welches eher den Namen eines
kleinen Fahrzeugs als den eines Geschosses verdient, denn der Torpedo
wird nicht geschossen, sondern er wird nur in das Wasser geschleudert
und nimmt in demselben Augenblick seine eigene Bewegung auf. Er
arbeitet sich an den Feind heran mit eigener Maschine, eigenem Ruder
und eigenem automatischen Steuermann, welcher das Fahrzeug auf
die ihm vorgeschriebene Wassertiefe bringt, denn es muß den Feind
u n t e r dem bis zu 2 m unter die Wasserlinie reichenden Panzer treffen
und es darf andererseits nicht unter dessen Kiel hinweglaufen. Die trei=
bende Kraft ist verdichtete Luft, welche mit Hülfe einer Maschine und
kleiner Schiffsschrauben das Fahrzeug vorwärts treibt. Diese eigene
Kraft reicht aber nicht aus, das Fahrzeug wie eine Granate in die
feindliche Schiffswand hineinzutreiben, sondern sie vermag nur, demselben
in Grenzen der möglichen Schußweite einen Anprall an der Wand zu

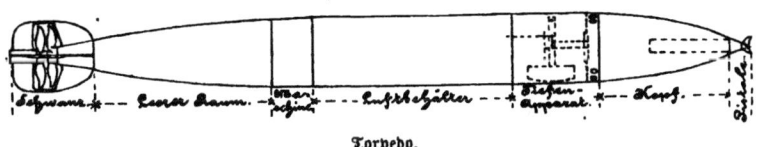

Torpedo.

sichern, welcher kräftig genug ist, daß der Zünder zur Wirkung kommen
kann und die Ladung zur Explosion bringt, welche nun von außen die
Schiffswand eindrückt und zerstört. Diese Art der Wirkung des Tor=
pedos ist für uns von besonderem Interesse, weil wir später an der=
selben den wahren Werth der Waffe werden erkennen lernen.

Den Torpedo (wir wollen hier nicht in die Geheimnisse unserer
Regierung, welche inzwischen verschiedene Verbesserungen eingeführt hat,
einzubringen versuchen, sondern den Torpedo betrachten, wie er vor
einigen Jahren war und in welcher Form er allgemein bekannt ist)
müssen wir uns als einen Körper aus dünnem Blech denken, dem man
eine Form gegeben hat, welche zwischen der Gestalt einer Cigarre und
der eines Fischs liegt. Er ist etwa 5 m lang, hat einen größten
Durchmesser von 40 cm, wiegt 400 kg und besteht aus 6 Haupttheilen:

    1. Dem Kopf, welcher die Sprengladung und den dazu gehörigen
       Zünder (die Pistole) enthält.

    2. Dem Tiefenapparat, welcher früher das eigentliche Geheimniß

der Waffe bildete und in außerordentlich einfacher und doch überaus sinnreicher Weise den Torpedo zwingt, seinen Lauf in einer vorher bestimmten Wassertiefe genau einzuhalten. Ein Theil des Apparats dient gleichzeitig auch als Ballast, dessen das Fahrzeug bedarf, um die richtige Lage im Wasser beizubehalten.
3. Dem Luftbehälter, welcher die treibende Kraft für die Maschine aufnimmt. Die eingepreßte Luft hat eine Spannung von 100 Atmosphären, welche aber ihren Weg zu der Maschine durch ein besonders construirtes Ventil mit einer Spannung von nur 25 Atmosphären findet.
4. Der Maschine, welche in ihrer Grundanlage den großen Schiffsmaschinen entspricht, natürlich aber in nur winzigen Abmessungen gehalten ist.
5. Einem leeren Raum.
6. Dem Schwanz, wo wir zwei hinter einander stehende Schrauben sehen, welche den Torpedo vorwärts treiben; sowie ferner ein die Schrauben umfassendes und sie auch gegen äußere Beschädigungen schützendes Gestell, welches die senkrechten und die wagerechten Steuerruder trägt. Eine Eigenthümlichkeit entdecken wir hier noch. Die Schraubenwelle ist keine feste Stange, sondern sie besteht aus 3 übereinander gestreiften Röhren. Das äußerste Rohr bildet die Welle der einen, das mittlere die der zweiten Schraube, und das innerste dient als Schornstein für die verbrauchte Luft, welche durch dieses Rohr entweicht und nun an der Oberfläche des Wassers einen 70—80 cm breiten Schaumstreifen erzeugt, welcher bei Tage jedem aufmerksamen Beobachter die Möglichkeit gibt, den Lauf des Torpedos genau festzustellen, sodaß er diesem unter Umständen durch eine kleine Wendung des Schiffs entgehen kann. Warum jede Schraube ihre besondere Welle hat, findet seine Begründung in dem Umstand, daß sich nicht beide nach derselben Richtung drehen dürfen, weil sonst ja eine Schraube genügen würde. Bei einer Schraube aber, und ebenso bei zweien, welche die gleiche Drehung haben, wird das getriebene Fahrzeug stets eine Ablenkung nach ein und derselben Seite erfahren, weil der jeweilig untere Schraubenflügel dichteres Wasser durchläuft, als der obere, mithin einen größern Druck

auf das Fahrzeug ausübt und eine dauernde Ablenkung seines Bugs nach derselben Seite erzeugt, wohin der untere Schrauben= flügel schlägt. Aus diesem Grund haben die beiden Schrauben des Torpedos eine einander entgegengesetzte Drehung, und da beide durch eine besondere Vorrichtung die gleiche Umdrehungs= zahl in der Minute erreichen, auch in Größe und Form genau gleich sind, so hebt die eine den ungleichen Druck der andern auf, und der Torpedo kann einen geraden Curs einhalten.

Die in dem Kopf enthaltene Sprengladung ist Schießbaumwolle und zwar nasse, um eine vorzeitige unfreiwillige Entzündung derselben unmöglich zu machen. Diese nasse Wolle läßt sich aber nicht mit einem gewöhnlichen Zünder zur Explosion bringen, man hat daher eine kleine Patrone mit einem aus trockener Schießbaumwolle bestehenden Cylinder verbunden und nennt diesen zusammengesetzten Zünder die Pistole. Dieselbe findet ihren Platz in dem Kopf erst dann, wenn der Torpedo zum Ausstoßen fertig gemacht wird. Die Entladung des Kopfs spielt sich in der Weise ab, daß die aus der Pistole hervor= stehenden und durch Federn festgehaltenen Nasen bei dem Anprallen des Torpedos an dem Ziel zurückgedrückt werden, so die Patrone ent= zünden, welche die trockene Schießbaumwolle zur Explosion bringt, die dann dieselbe Arbeit bei der nassen verrichtet. Das Gewicht der Spreng= ladung beträgt etwa 20 kg.

Der sinnreichste Theil des Torpedos ist der Tiefenapparat, zu welchem auch die an dem Schwanzende sitzenden Horizontalruder ge= rechnet werden müssen.

Das Wesen der Tiefen= steuerung beruht darin, daß mit Hülfe einer beweglichen Platte, auf welche von der einen Seite der Druck des Wassers, von der andern die Kraft einiger Spiral= federn wirkt, eine an ihr befestigte Stange vor= und rückwärts geschoben wird, die den Schieber einer kleinen Maschine bedient, welche nach der ihr jeweilig gegebenen Steuerung die vorher genannten Horizontalruder bewegt. Treibt die Maschine die Ruder r' in die Höhe, dann muß der Torpedo infolge des auf die Ruderfläche ausgeübten Wasserdrucks nach oben steigen; werden die Ruder nach unten gestellt, dann muß auch der Torpedo nach unten tauchen. Heben sich aber die auf die Platte wirkenden Kräfte — Wasserdruck und Federspannung — gegeneinander auf, dann muß sie in der Mittellage verharren, die Flächen der Horizontalruder fallen mit der Horizontalebene des Torpedos zusammen und dieser muß einen geraden Lauf einhalten.

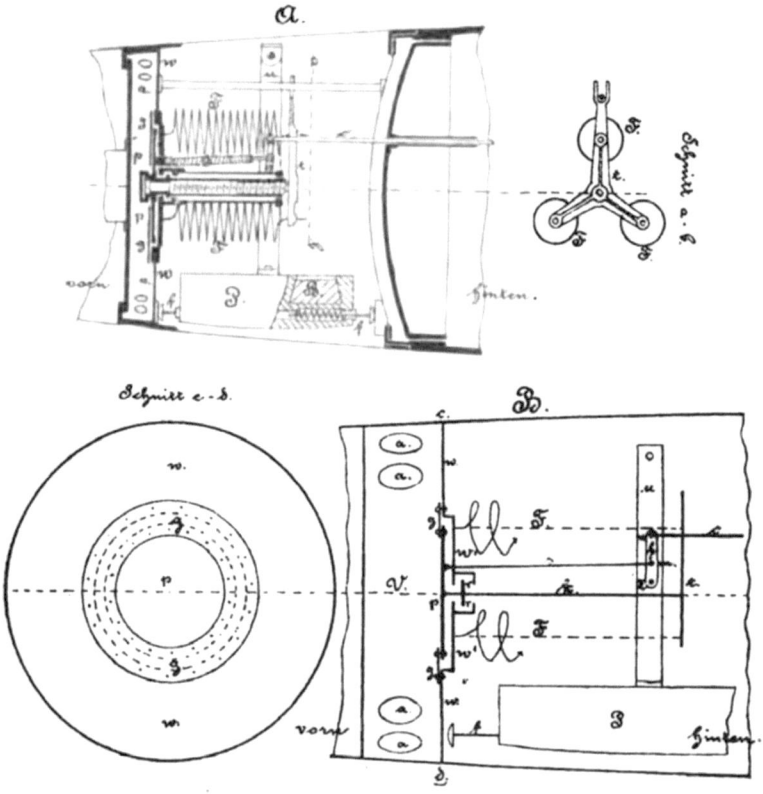

Um die Einrichtung der Tiefensteuerung genauer kennen zu lernen, müssen wir die beiden Skizzen A und B zu Hülfe nehmen. In A sehen wir ein genaues Abbild der ganzen Anlage; in B finden wir die einzelnen Theile nur durch einfache Linien angedeutet, wodurch uns das Verständniß erleichtert werden wird. Die Buchstaben, mit welchen die einzelnen Theile des Mechanismus bezeichnet sind, stimmen, soweit sie in beiden Zeichnungen vorkommen, mit einander überein.

Der Raum, in welchem die Tiefensteuerung angeordnet ist, besteht aus zwei Theilen, von welchen der kleine vordere V durch die Löcher a mit dem äußern Wasser in Verbindung steht; der große hintere den eigentlichen Mechanismus enthält. Die Trennung der beiden Räume wird durch eine mit der gebrochenen Linie w w' w' w (Fig. B) dargestellte Wand bewirkt, welche in ihrer Mitte eine kreisförmige trommelartige Vertiefung hat, in der eine Platte p von kleinerem Durchmesser, die sogenannte hydrostatische Platte, angeordnet ist. Diese ist einerseits vermittels eines wasserdicht aufgeschraubten Gummirings g g mit der Wand w w, andererseits durch drei Spiralfedern F, welche in dem beweglichen Federträger t endigen, mit der Wand w' w' verbunden. Die in dem Mittelpunkt der Platte p befestigte Kolbenstange k stellt die Verbindung zwischen Platte und Federträger her. Erfolgt nun auf die Platte p ein Wasserdruck von vorn, welcher stärker als die Spannung der Federn F ist, dann wird die Platte sich nach hinten bewegen; ist die Federkraft stärker als der Wasserdruck, dann werden die Federn sich zusammenziehen und die Platte nach vorn schieben. Damit nun aber der Druck nicht zerreißend auf den Gummiring wirken kann, ist an der Wand w' w' in ihrer Mitte noch eine kleine Metallbuchse angebracht, in welcher ein an der Kolbenstange k befestigter Metallring r r einigen Spielraum hat und verhindert, daß die Platte p weder nach vorn noch nach hinten zu weit durchgedrückt werden kann.

Ist nun der Druck der über dem Torpedo stehenden Wassersäule, welcher durch die Oeffnungen a auf die Platte p übertragen wird, stärker als die Kraft der Federn F, dann wird, wie schon gesagt, die Platte nach hinten gedrückt und die Federn werden durch den Druck, welcher sich durch die Kolbenstange k auf den Federträger t überträgt, ausgedehnt; sobald aber der Wasserdruck ein geringerer wird, werden die Federn sich wieder zusammenziehen und mit Hülfe der Kolbenstange k die Platte p nach vorn schieben, so weit, als der Ring r dies erlaubt.

Damit nun die Platte auf die Ruder wirken kann, ist an ihr noch eine kleine Stange s befestigt, welche mit der Steuermaschine in Verbindung steht und zwar in besonders sinnreicher Weise. Würde die Verbindung nur eine einfache unvermittelte sein, dann könnte der Torpedo während der kurzen Zeit seines Laufs wol nie zu einem geraden Curs kommen, weil er beispielsweise in der Lage 1 (s. S. 96) nach unten steuern würde, bis der Wasserdruck auf die Platte das Ruder plötzlich nach oben schnellt (Lage 2), worauf nach einiger Zeit wieder bei 3 das Umgekehrte eintreten würde. Der Torpedo würde sich nicht in weichen Linien, sondern in scharfem Zickzack vorwärts bewegen. Um

diesem Uebelstand zu begegnen, ist noch ein mit Blei (B Skizze A) beschwerter, an dem Bügel u hängender Pendel P angebracht worden, welcher neben der Aufgabe, als Ballast zu dienen, damit der Torpedo stets in normaler Lage verbleibt, wodurch allein eine sichere Wirkung der Ruder gewährleistet wird, auch noch die zu plötzliche Wirkung der hydrostatischen Platte zügeln soll. Und damit der Pendel wieder nicht zu heftig wirken kann, ist er noch mit den federnden Puffern f f versehen, welche ihm nur ein beschränktes und allmähliches Ausschlagen erlauben, auch verhindern, daß das Gewicht des Pendels die schwachen Torpedowände zerreißt.

Die Verbindung der Wirkung von Platte und Pendel ist in der folgenden Weise erreicht worden.

Die Steuerstange s findet ihren vorläufigen Abschluß in dem Punkt m des kleinen, in dem Punkt z mit dem Pendelbügel u verbundenen Hebelarms h (Skizze B), und demnächst ihre Fortführung

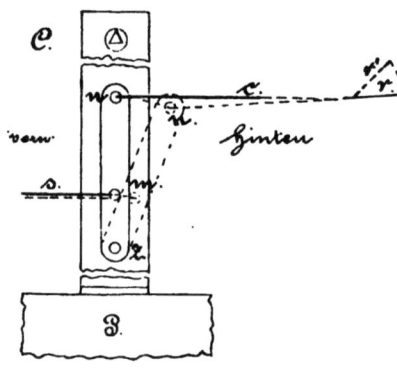

bezw. Verlängerung in der von dem Punkt n ausgehenden Stange c, welche bis zur Steuermaschine führt. Nehmen wir nun an, daß die Federn F eine Spannung erhalten haben, welche dem Druck einer Wassersäule von 3 m Höhe entsprechen, dann wird, wenn der Torpedo sich z. B. in einer größern Wassertiefe befindet, die Platte p nach hinten gedrückt, welche nun mit der Stange s auf den Punkt m (Skizze C) wirkt und den Hebel h nach hinten biegt, wodurch die Stange c ebenfalls nach hinten bewegt wird; das Ruder r schnellt in die Höhe (r') und der Torpedo steigt nach oben

(Skizze D). Nun aber schwingt das Pendel, wenn wir die Vertikalaxe des Torpedos als die normale Lage ansehen, nach hinten, und da

nunmehr in dem Hebelarm h (Skizze E) der Drehungspunkt in m liegt, weil die Stange s durch Wasserdruck und Federspannung in fester Lage gehalten ist, so wird, von dem Pendel gezogen, der Punkt z nach hinten, d. h. nach z' wandern und den Punkt n, sowie mit diesem die Steuerstange c wieder etwas nach vorn, nach n drücken und das Ruder etwas nach unten (r'') bewegen. Hierdurch wird nicht nur der ursprünglich größte Ausschlagwinkel des Ruders sofort verringert und die Neigung des Torpedos, in zu spitzem Winkel zu steigen, gestört, sondern es ist auch das Ruder ganz allmählich in die Horizontallage geführt worden, sobald der Torpedo auf seiner richtigen Tiefenlage anlangt, da, jemehr er sich dieser nähert, die Platte p zur normalen Mittellage kommt und der

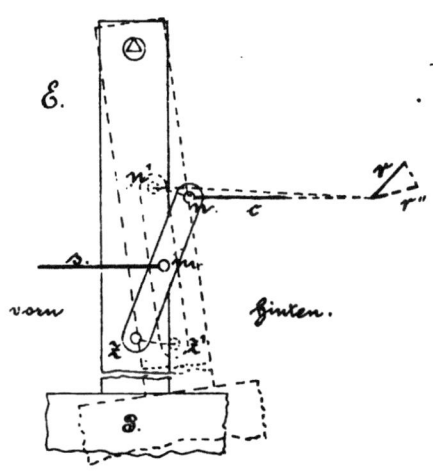

Torpedo durch den stetig abnehmenden Ausschlagwinkel des Ruders eine immer horizontalere Lage einnimmt, also auch das Pendel sich immer mehr der Vertikalaxe des Torpedos nähert und so seinen Einfluß auf das Ruder allmählich verliert. So muß der Torpedo durch die Wechselwirkung der beiden auf die Horizontalruder wirkenden Kräfte sehr bald einen ruhigen Lauf annehmen, und man hat festgestellt, daß dies nach Zurücklegung von etwa 30 m der Fall ist.

Sollte der Torpedo sich in einer geringeren, als der ihm vorgeschriebenen Wassertiefe befinden, dann werden hydrostatische Platte und

Pendel natürlich in der umgekehrten als der vorher erklärten Weise wirken.

Der Luftbehälter nimmt die bis zu 100 Atmosphären Spannung verdichtete Luft auf, welche ausreicht, den Torpedo mit einer Geschwindigkeit von 22—30 Knoten 300—400 m weit zu treiben. Die Luft tritt durch ein Ventil mit 25 Atmosphären Spannung in die Maschine ein und wirkt dort ebenso wie der Dampf auf eine Dampfmaschine.

Der leere Raum hat die Aufgabe, dem Fahrzeug eine erhöhte Schwimmfähigkeit zu verleihen, deren man bedarf, um sowol den Torpedo richtig einschießen zu können, wie auch um bei Friedensschießübungen die Gewähr zu haben, daß er nach jedem Wurf wieder an die Wasseroberfläche schwimmt und dort leicht gefunden werden kann. Obgleich theoretisch die beiden entgegengesetzt wirkenden Schrauben dem Torpedo einen geraden Lauf sichern müssen, so geschieht dies in Wirklichkeit doch nicht, weil seine Formen nicht überall mathematisch genau dieselben sein können und auch die Schrauben kleine unmeßbare Verschiedenheiten haben werden.

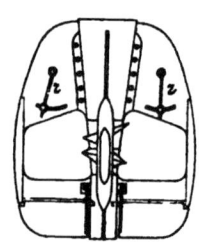

Es ist daher nothwendig, jeden einzelnen Torpedo, ehe er in die Kriegsvorräthe aufgenommen wird, genau auf einen geradlinigen Lauf einzuschießen. Hierzu dienen die beiden auf dem Schwanzgestell angebrachten senkrechten Ruder r, welche mit ihrem vordern Ende durch einen Stift auf dem Schwanzstück drehbar befestigt sind und deren hinteres Ende mit einer kleinen Klemmschraube an einem Grabbogen festgestellt werden kann. Macht der Torpedo bei dem Probeschuß nun z. B. eine Schwenkung nach rechts, dann wird das rechtsseitige Ruder mehr in die Kiellinie gerückt und, wenn dies noch nicht ausreicht, das linksseitige nach der andern Seite geschoben, bis der Torpedo einen geraden Lauf einhält. Die schließlich gefundene beste Stellung der Ruder wird dann in das Buch, welches jeden Torpedo bis zu seinem Verbrauch begleitet, eingetragen. Schon hieraus ergibt sich die Nothwendigkeit einer Einrichtung, welche den Torpedo nach jedem Probeschuß an die Oberfläche treibt, und dieselbe ist theilweise darin gefunden, daß der Luftbehälter nach Verbrauch der verdichteten Luft in Verbindung mit dem leeren

Die Tiefensteuerung des Torpedos.

Raum am Schwanzende ihm einen genügend großen Auftrieb gibt. Eigentlich sollte dieser allein genügen; aber dies ist nicht der Fall, weil der Torpedo auch nach dem Durchbrechen des Ziels noch weiter läuft und zwar gegen das Ende seines Laufs mit verminderter Geschwindigkeit, bei welcher die Steuervorrichtungen nicht mehr mit Sicherheit arbeiten, sobaß häufig sogenannte Grundgänger vorgekommen sind, wobei der Torpedo mit dem spitzen Kopf nach unten stößt und sich so fest in den Grund einbohrt, daß er dort stecken bleibt. Zur Behebung dieses Uebelstands hat man an dem Schwanzende ein kleines Räderwerk eingeschaltet, welches von der Schraubenwelle getrieben wird und den Zweck hat, in einem gegebenen Augenblick das Ventil zwischen Luftbehälter und Maschine zu schließen. Sobald dies aber geschieht, wird mit dem Stillstand der Maschine auch die Luftzufuhr zu der kleinern Steuermaschine abgeschnitten und die Horizontalruder, welche in der Ruhelage durch Federn nach oben gedrückt werden, schnellen in die Höhe und zwingen den Torpedo (dessen Tiefenapparat jetzt wirkungslos), wenn seine Geschwindigkeit noch groß genug ist, mit solcher Energie an die Wasseroberfläche, daß er über diese hinausspringt und dann auf dem Wasser schwimmend liegen bleibt. Damit nun ferner dieses Auslösen der Ruder in dem Augenblick geschieht, welchen man vor dem Schuß dafür bestimmt hat, ist das Räderwerk mit einer Vorrichtung versehen, um es auf verschiedene Entfernungen zwischen 50 und 400 m einstellen zu können. Ist das Räderwerk daher auf 300 m eingestellt, dann muß es abgelaufen sein und die Auslösung der Ruder bewirken, sobald die Schrauben eine Umdrehungszahl erreicht haben, welche der Entfernung von 300 m bei gleichmäßigem Gang der Maschine entspricht, denn das Verhältniß zwischen Umdrehungszahl und Entfernung ist bekannt. Man hat es daher innerhalb der gezogenen Grenzen ganz in der Hand, dem Torpedo vorzuschreiben, wann er an die Oberfläche zurückkehren soll. Beim Beginn des Einschießens wird es vielleicht auf 50 m Entfernung sein, beim Abschluß erst auf 400. Diese Vorrichtung hat es überhaupt erst möglich gemacht, mit dem Torpedo von den Schiffen aus Schießübungen vorzunehmen.

Selbstverständlich ist es andererseits, daß im Ernstfall derjenige Torpedo, welcher sein Ziel verfehlt hat, nicht an die Oberfläche kommen darf, wo er befreundete Schiffe oder im Lauf eines Gefechts sogar das eigene Schiff gefährden könnte, sondern daß er versinken muß. Hierzu ist eine andere mit dem vorgenannten Räderwerk in Verbindung stehende Einrichtung vorhanden, welche in Friedenszeiten fest verschlossen, im Kriegsfall aber geöffnet ist, während die vorher besprochene durch einen einfachen Handgriff unbrauchbar gemacht wird. Diese Einrichtung öffnet nach Ablauf der eingestellten Entfernung ein Ventil nach dem hinter der Maschine gelegenen leeren Raum, sobaß dieser voll Wasser läuft und so den Torpedo in die Tiefe zieht.

Ueber den Maschinenraum bleibt außer dem, was wir schon gehört haben, nur noch zu sagen, daß er nur eine Maschine für beide Schrauben und nicht zwei enthält, da die zweite Schraube durch Räderübertragung von der ersten in die entgegengesetzte Drehung versetzt wird, wodurch gleichzeitig ein ganz gleichmäßiger Gang beider Schrauben gesichert ist. Die Kraft, mit welcher die Maschine arbeitet, beträgt etwa 50 Pferdekräfte.

Durch den leeren Raum sind selbstverständlich die Schraubenwelle, Ruderstangen u. s. w. geleitet.

Von dem Schwanzstück haben wir auch schon alles Wissenswerthe gehört.

Den Torpedo kennen wir nun; wir wissen, daß er mit eigener Kraft seinen Weg findet, daß er die ihm vorgeschriebene Tiefe sich selbst sucht und daß er die ihm anfangs gegebene Richtung genau einhält. Es fehlen uns daher nur noch die Angaben, wie er auf die rechte Bahn kommt, um das Ziel zu finden, wie seine Maschine im richtigen Augenblick in Gang gebracht wird, und welche sonstigen Einrichtungen zur Schaffung der verdichteten Luft und zu anderen Zwecken erforderlich sind.

Um das Ziel erreichen zu können, muß der Torpedo gerichtet werden, und da man dies nicht an ihm selbst ausführen kann, so bedarf man eines Rohrs, in dem er genau gemittelt liegt und aus welchem er — entweder durch fremde oder mit eigener Kraft — ausgestoßen wird, sobald das Rohr sich in der gewünschten Richtungslinie befindet. Steht das Rohr auf einem Schiff oder auf dem Land, dann muß der Ausstoß durch fremde Kraft erfolgen und die eigene kommt erst bei dem Eintritt des Torpedos in das Wasser zur Thätigkeit, nachdem vorher ein kleiner an seinem Luftbehälter angebrachter Hebel durch eine Warze in dem Rohr zurückgedrückt und hierdurch die Verbindung zwischen treibender Kraft (verdichtete Luft) und Maschine hergestellt worden ist, womit gleichzeitig die Schrauben zu arbeiten anfangen, also schon in Bewegung sind, wenn der Torpedo das Wasser erreicht. Ist das Rohr dagegen im Wasser angeordnet, wie wir es an Küsten-Torpedobatterien und an kleinen Dampfbooten sehen, welch letztere die Ausstoßrohre an ihren Seiten parallel mit der Kiellinie tragen, dann genügt das Zurückdrücken des vorgenannten kleinen Hebels durch ein Gestänge, um den Torpedo mit seinen Schrauben die Fahrt beginnen zu lassen. In diesem Fall muß das Rohr aber durchbrochene Wandungen haben, damit das äußere Wasser reichlichen Zufluß zu den Schrauben findet, während es in dem erstern Fall mehr die Gestalt eines Geschützrohrs annimmt, weil nur in einem solchen die Ausstoßladung die ihr zufallende Arbeit verrichten kann. Dieses Rohr hat feste Wände und, je nachdem es ein Ueber- oder Unterwasserrohr ist, einen einfachen oder doppelten Verschluß. Ueber Wasser genügt ein solcher am hintern Ende des Rohrs, um der Ausstoßladung die Möglichkeit zu geben, zur Wirkung kommen zu können. Unter Wasser muß ein zweiter vorderer Verschluß dieses so lange zurückhalten, bis der Torpedo gelagert und das Rohr hinten wieder geschlossen ist, wonach er erst geöffnet werden kann.

Die Einrichtung eines solchen Ueberwasser-Ausstoßrohrs, auf deren Kenntniß wir uns beschränken wollen, ist die folgende.

Das aus Metall hergestellte Rohr ist genau cylindrisch und hat eine etwas größere Länge, sowie einen etwas größern lichten Durchmesser, als der Torpedo selbst. Es ist vorn offen und hat hinten eine starke Thür, welche man mit einem Hebel leicht öffnen und schließen kann.

In der Seele entlang laufen in der Wandung vier zu einander genau rechtwinkelig stehende Nuten, von denen die obere und untere in der Senkrechten, die beiden anderen in der Wagerechten liegen; die drei letzteren nehmen die an dem Torpedo angebrachten und mit ihnen correspondirenden Flossen auf, während in der obern Nute der Hebel des Luftbehälters ruht, bis er kurz vor der Mündung von der früher genannten Warze niedergedrückt wird. Der Torpedo muß das Rohr somit in normaler Lage verlassen.

An der Außenseite ist ein blasen- oder trommelartiger Körper befestigt, welcher die Patrone genannt wird. Dieselbe birgt die aus verdichteter Luft[1] bestehende Ausstoßladung, welche durch ein Rohr in das hintere Ende des Ausstoßrohrs dringt und den Torpedo nach außen schleudert, sobald mit einem einfachen Hebelgriff ein Ventil geöffnet wird. Bei Bemessung der für die Ausstoßladung erforderlichen Spannung, welche etwa zwei Atmosphären beträgt, mußte man davon ausgehen, daß der Torpedo von dem Schiff aus auch bei dessen schnellster Fahrt entsendet werden kann, er also sowol unter wie über Wasser mit dem ersten Stoß von dem Schiff so weit abgeschleudert wird, daß dieses ihn nicht treffen kann, sondern daß er vorher seine eigene, der Schiffsgeschwindigkeit überlegene Fahrt aufnimmt. Er muß daher aus dem Ueberwasserrohr so weit geworfen werden, daß er auch außerhalb der von dem fahrenden Schiff mitgerissenen Wassersäule in das Wasser eintritt, weil er sonst durch diese eine seitliche Ablenkung erfahren würde. Aus diesem letztern Grund wendet man auch in neuerer Zeit Unterwasserrohre nur noch in dem Bug der großen Schiffe an, und man kann von hier aus einen Torpedo nur dann mit Erfolg entsenden, wenn das Schiff einen geraden Curs läuft.

Das Richten des Torpedos geschieht in der Neuzeit allein mit dem Schiff, weil die beweglichen Ausstoßrohre sich nicht bewährt haben, und weil auch bei den nahen Entfernungen, auf welche der Torpedo nur angewendet werden kann (höchstens 400 m), sowie bei der Schnelligkeit, mit welcher die Schiffe an einander vorbeifahren, zum Richten gar keine Zeit bleibt, vielmehr der Schütze nur darauf achten kann, ob sich ihm der günstige Augenblick: auf kleinem Schiff zum Niederdrücken des Ausstoßhebels, auf großem Schiff zum Abgeben des Ausstoßsignals an das in den untern Decks liegende Rohr bietet. Die Ausstoßrohre sind daher fest mit dem Schiff verbunden und zwar in horizontalem und vertikalem Winkel, wie sie als die günstigsten bei vielfachen praktischen Versuchen gefunden worden sind. Die Aufgabe eines Torpedoboots ist daher, sich dem Ziel gegenüber in eine Lage zu bringen, daß es seinen Schuß abgeben kann; der Torpedoschütze auf einem großen Schiff muß ge-

---

[1] Man hat es auch versucht, hierfür Pulver anzuwenden, weil im Fall des Gelingens des Versuchs die ganze Einrichtung eine sehr viel einfachere hätte werden können; aber das Pulver erwies sich doch als viel zu brisant.

Das Richten des Torpedos. Die Luftpumpen. 103

bulbig und aufmerksam warten, ob sich ihm im Lauf des Kampfs eine Gelegenheit bietet. Da der Torpedo aber im Verhältniß zu dem aus einer Kanone entsendeten Geschoß eine Schnecke ist, so bedarf man für die seitlichen Ausstoßrohre einer besondern Zielvorrichtung. Dieselbe besteht aus einem verschiebbaren, mit Dioptern versehenen Parallelogramm, in welchem die Kielrichtung des eigenen Schiffs (i) die eine Parallele (a), die des Gegners (g) die zweite (b) ist, die Diagonale (c) die Zielrichtung und eine der beiden anderen Parallelen, hier d, die Schußrichtung bildet. 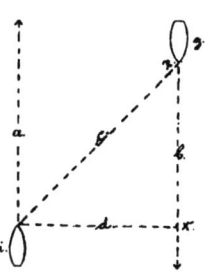 Weiß der Schütze nun, wie schnell das eigene Schiff fährt und wie hoch er die Schnelligkeit des andern und dessen wahrscheinliche Entfernung im Punkt x schätzen darf, dann stellt er Schnelligkeit und Entfernung, welch letztere auf die Zeit abgestimmt ist, die der Torpedo zum Durchlaufen der Strecke gebraucht, ein, und er wird, wenn er die Linie c als die Richtung findet, den Torpedo ausstoßen, sobald er den Gegner in z visirt, um ihn in x zu treffen.

Es fehlen uns nun noch die Vorrichtungen zur Beschaffung der verdichteten Luft und die Angaben, wie dieselbe dem Torpedo und dem Ausstoßrohr zugeführt und wie der erstere sonst noch zum Schuß vorbereitet wird.

Die Luft kann nur durch eine kräftige Pumpe auf die hohe Spannung gebracht werden, deren wir bedürfen, und hierzu ist eine mit Dampf getriebene Luftpumpe vorhanden. Dieselbe ist aber nicht geeignet, auf direktem Weg den Torpedo schnell genug zu laden, weshalb bei jedem Torpedostand Vorrathskasten angeordnet sind, welche aus kupfernen Röhren bestehen und eine gewisse Menge Luft von sehr viel höherer Spannung, als sie dem Torpedo zugeführt wird, aufnehmen. Jeder dieser Vorrathskasten ist mit einem Manometer (Druckmesser) versehen, auf welchem man jederzeit die augenblickliche Spannung der eingeschlossenen Luft ablesen kann; außerdem führt ein Rohr zu dem Torpedolager und eins zu der Ausstoßpatrone. Das erstgenannte Rohr trägt an seinem Ende auch einen Manometer, während die Patrone einen solchen selbst hat. Sollen nun Torpedo und Patrone geladen werden, dann wird das betreffende Rohr aufgeschraubt und durch demnächstige weitere Drehung einer kleinen Kurbel die Verschraubung in dem zu füllenden Behälter geöffnet. Hat dieser die ihm zustehende Ladung erhalten, was der Manometer anzeigt, dann wird durch Zurückdrehen der Kurbel die Verschraubung des Behälters wieder geschlossen und durch weiteres Drehen auch das Rohr wieder abgelöst. Das Füllen sämmtlicher Torpedos erfolgt in Kriegszeiten vor dem Gefecht, sodaß hier dann nur das Neufüllen der Patrone nach jedem Schuß nothwendig wird.

Soll der Torpedo nun in das Ausstoßrohr eingelegt werden, dann wird er zunächst, mit einer „Katze" an Laufschienen hängend, von seinem Lager zu dem Rohr gebracht. Dort läßt man durch einen Druck auf den mehr genannten Hebel die Luft für kurze Zeit in die Maschine eintreten, um sich zu vergewissern, daß die Schrauben gut arbeiten und das Räderwerk für Einstellen der Entfernung in Ordnung ist. Ebenso wird durch vertikale Neigung des Torpedos die Probe gemacht, ob das Pendel des Tiefenapparats die Horizontalruder bewegt. Zeigen sich keine Mängel, dann wird das Räderwerk auf die befohlene Entfernung eingestellt, die Pistole eingesetzt und der Torpedo vorsichtig in das Rohr und dessen Nuten eingeschoben; dann wird die Verschlußklappe zugemacht und der Torpedo kann mit einem kleinen Druck auf einen Hebel ausgestoßen werden.

Schließlich bleibt noch zu erwähnen, daß jeder Torpedo für das Einschießen und zum Abhalten der Schießübungen einen zweiten Kopf hat, welcher zur Unterscheidung von dem Gefechtskopf „Exercierkopf" genannt wird. Dieser hat dieselbe Größe und Form, sowie das gleiche Gewicht wie jener.

Es erübrigt nun noch, den Zweck des Torpedos zu erläutern. Derselbe ist, einem feindlichen Schiff in seinen unterhalb der Wasserlinie liegenden Theilen eine Wunde zu schlagen, welche es bei günstiger Wirkung zum Sinken bringt oder doch so verletzt, daß es nicht mehr kampffähig ist. Hierzu muß der Torpedo das Schiff tief genug unterhalb der Wasserlinie treffen, daß die über der Explosionsladung liegende Wassersäule einen größern Widerstand darstellt, als ihn die Schiffswand zu bieten vermag, weil sonst vermuthlich die ganze Wirkung nach oben streben würde, ohne der Wand erheblichen Schaden zuzufügen. Ferner muß der Torpedo unterhalb der Panzerwand zur

Wirkung des Torpedos.

Wirkung kommen, weil diese seinem Druck widersteht. Im allgemeinen gelten 3 m als die zweckmäßigste Tiefenlage für den Torpedo, weshalb man denn auch den Tiefenapparat auf 3 m fest eingestellt läßt, obgleich man es bei diesem ebenfalls in der Hand hat, durch Erhöhung oder Verminderung des Drucks der auf die hydrostatische Platte wirkenden Federn dem Torpedo eine andere Tiefenlage vorzuschreiben. Der Torpedo ist daher nur gegen Schiffe mit einem Tiefgang von mehr als 3 m anzuwenden. Eine schwerer zu beantwortende Frage ist die, ob der Torpedo überhaupt gegen die Panzerschiffe neuer Bauart mit Nutzen anwendbar ist und ob er, wenn dies jetzt noch der Fall sein sollte, nicht durch einfache Abwehrmittel zu einer veralteten Waffe gemacht wird, die als einzige Trophäe das chilenische Panzerschiff „Blanco Encalaba" aufzuweisen hat, welcher aber eine große Zahl in Friedenszeiten zugrunde gegangener Torpedoboote und ungezählte unnütz verausgabte Millionen gegenüberstehen.

Man weiß, daß der Torpedo auf 300 m und wahrscheinlich auch auf 400 m Entfernung noch genügende Vorwärtsbewegung besitzt, um beim Anprall an ein Hinderniß zur Explosion zu kommen, und daß er zur Zurücklegung von je 10—12 m eine Sekunde gebraucht, mithin nach 30—40 Sekunden an dem Ziel angelangt sein kann. Man weiß ferner, daß der auf ein still liegendes hölzernes Schiff losgelassene Torpedo dieses zu sofortigem Sinken bringt und daß er neuerdings auch gegen ein Panzerschiff älterer Art einen gleichen Erfolg gehabt hat. Man weiß auch, daß die Ladung des Torpedos genügt, um ein Panzerschiff neuester Bauart ernstlich zu gefährden, denn man hat den Versuch an einer Scheibe, welche eine Abtheilung eines neuartigen Panzerschiffs darstellte, gemacht; aber allerdings nicht mit einem abgeschossenen Torpedo, sondern mit einer an der Scheibenwand befestigten, derjenigen des Torpedos entsprechenden Ladung von Schießbaumwolle, weil man nicht die Sicherheit hatte, daß der Torpedo genau die Stelle treffen würde, welche man mit dem Versuche angreifen wollte. Jedoch ist andererseits durch Versuche wieder festgestellt, daß der Torpedo auch ein in voller Fahrt befindliches Schiff zu erreichen vermag, ohne durch die von diesem mitgeschleppte Wassersäule merklich abgelenkt zu werden. Aber man weiß nicht, und es ist nicht durch Versuche festgestellt, ob ein Torpedo an einem in Fahrt befindlichen Schiff, auch wenn dieses keine Schutzvorrichtungen besitzt, von denen weiterhin die Rede sein wird, so zur Wirkung kommt, daß er ihm ernstlichen Schaden zufügt. Es ist zweifellos, daß der verhältnißmäßig leichte Torpedo, wenn er mit 20—24 Knoten Fahrt gegen eine starre Stahlwand anrennt, einen gewissen Rückstoß erleidet, ehe die Sprengladung explodirt, und daß dieses letztere vermuthlich in einem Augenblick stattfindet, wo zwischen Sprengkörper und Schiff schon eine Wassersäule von einer bestimmten Mächtigkeit liegt; auch kann noch niemand sagen, ob der bei einem schnell fahrenden Schiff sich auf eine größere Fläche vertheilende Druck ausreichen wird, jene so zu zerstören, daß auch die innere Wand des Doppelbodens noch in Mitleidenschaft gezogen wird. Hier begegnen uns schon Zweifel an dem Werth des Torpedos, welche nur eine Seeschlacht heben kann; die Wahrscheinlichkeit spricht allerdings für den Torpedo, wenn er das feindliche Schiff in dessen hinterm, nach

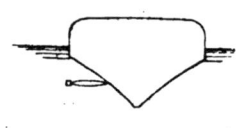

oben hin weit nach außen überfallenden Theil trifft; aber gegen ihn, wenn er an den senkrecht nach unten abfallenden Wänden des Vor- und Mittelschiffs zur Entladung kommt. Ferner dürfen wir nicht vergessen, daß alle Schießversuche mit Torpedos in verhältnißmäßig

ruhigem Wasser abgehalten werden; daß eine Seeschlacht sich aber bei einer Wellenhöhe von 3 m und mehr abspielen kann und hierbei der Torpedo, dessen Tiefenlage ja von der Höhe der über ihm stehenden Wassersäule abhängig ist, fortgesetzt auf und nieder schwanken muß, daß er sogar, wenn seine Richtung derjenigen der Wellen entgegengesetzt ist, bei der Schnelligkeit in der Höhenänderung der Wassersäule dem Tiefenapparat überhaupt nicht mehr folgen kann und gelegentlich ganz aus dem Wasser herausspringt. Sein Lauf wird ein ganz unregelmäßiger werden, und er kann nur durch Zufall treffen. Daneben bleibt immer sein Hauptfehler bestehen, daß seine Anwendbarkeit nur auf die geringsten Entfernungen beschränkt ist.

Der Sporn der älteren Panzerschiffe ist (wie dies übrigens als das Natürlichste erscheinen wird) aus dem Vorsteven in der Weise herausgestaltet, daß dieser in eine für den Zweck günstige Form gebracht wurde; bei den neueren Schiffen dagegen hat man ihn, obgleich er von außen betrachtet auch deren Vorsteven zu sein scheint, zu einem besondern Schiffstheil gemacht, weil die Gefahr vorliegt, daß er beim Stoß zu Bruch kommt und dann das eigene Schiff mit gefährden könnte, wenn nicht besondere Sicherheitsvorkehrungen getroffen sind. Wenn ein Schiff einem andern unter rechtem Winkel in die Seite rennt, dann kommen, wenn das letztere auch noch in Bewegung ist, Kräfte zur Thätigkeit, denen keine technische Verbindung widerstehen kann. Weder kann unser Sporn das fremde Schiff plötzlich hemmen, noch kann dieses das unsrige mit seiner großen im Wasser liegenden Fläche von rund 100 m Länge und 8 m Tiefe mit= schleppen; der Wasserdruck auf das Schiff a ist ein so gewaltiger, daß sein Sporn abbrechen muß, oder er wird, wenn a in dem Augenblick des ausgeführten Stoßes schon Rückwärtsgang durch seine Maschine bekommen sollte, doch so stark verbogen werden, daß die Bordwand ein mehr oder minder großes Leck erhält. Hiergegen kann es nur das eine Mittel geben, nämlich den Sporn von vornherein so zu con= struiren, daß er abbrechen oder verletzt werden kann, ohne damit gleich= zeitig das eigentliche Schiff in seinem Verband zu zerstören, und diesem Grundsatz entsprechen die neueren Bauten.

Der 3 bis 4 m unter der Wasserlinie liegende Sporn ist, wie früher schon ausgesprochen wurde, die mächtigste Waffe eines Schiffs, wenn er unter günstigen Verhältnissen zur Wirkung kommt; er muß dann das feindliche Schiff vernichten, weil er diesem tief unter der Wasserlinie ein so gewaltiges Leck reißt, daß hiergegen kein Zellen= system mehr schützt. Das getroffene Schiff wird, wenn der Stoß rechtwinkelig in der Seite sitzt, in seinem Hauptverband zerrissen und muß, wenn es nicht sofort durch das einströmende Wasser zum Ver= sinken gebracht wird, an der getroffenen Stelle nach unten zusammen= stürzen und dann auseinanderfallen, weil die Unterbrechung der Trag= fähigkeit bei der weitklaffenden Wunde, welche sich bis über den Kiel er= streckt, eine zu große ist. Verhältnißmäßig ungefährlich ist der Ramm= stoß nur dann, wenn er unter spitzem Winkel an dem Heck des Schiffs erfolgt, und beide Schiffe annähernd den gleichen Curs verfolgen. Man kann es daher als feststehend ansehen, daß ein Schiff a ein an= deres b nur rammen kann, wenn b still im Wasser liegt, oder wenn a mit größerer Schnelligkeit fahrend das Schiff b von hinten unter spitzem Winkel bezw. recht in der Kiellinie fassen kann. Ein Schiff kommt zur Bewegungslosigkeit:

entweder durch eine Maschinenhavarie,

oder indem es im Kampfgewühl vorübergehend so zwischen andere Schiffe eingekeilt wird, daß es sich verhindert sieht, von seiner Maschine und seinem Ruder Gebrauch zu machen,

oder wenn der Kommandant den Kopf verliert und nach einem verderblichen Satz des internationalen Straßenrechts, welcher schon manchem Schiff den Untergang oder große Havarie gebracht hat, handelt, nämlich daß er seine Maschine rückwärts schlagen läßt, wenn er einen Zusammenstoß, welchem er aus dem Weg gehen möchte, befürchtet;[1] in diesem Fall bringt er sein Schiff zum Stillstand und bietet es dem Gegner auf dem Präsentirteller zum Stoß dar.

Aus dem Vorstehenden dürfte ersichtlich sein, daß die Anwendung des Sporns in der Seeschlacht denn doch eine sehr beschränkte ist, daß aber ein unachtsamer Feind, welcher zu Anker liegend sich von seinem Gegner überraschen läßt, durch dessen Sporn in wenigen Minuten vernichtet sein kann.

Die Rücksicht auf den eigenen Sporn hat zunächst dem Torpedo Eingang auf den großen Schiffen verschafft, weil es nahe lag, den erstern mit Hülfe des letztern zu verlängern, auf diese Weise die Wirkung des Sporns 300 m weiter vor das Schiff zu legen und den Zusammenstoß für dieses selbst ganz ungefährlich zu machen. Mitbestimmend für diese Anordnung war dann noch, daß der Torpedoschuß aus einem 3 m unter der Wasserlinie liegenden Ausstoßrohr, wie dieses im Bug eines Schiffs in der Regel lagert, eine große Treffwahrscheinlichkeit hat, weil der Torpedo, welcher sich gleich auf seiner richtigen Tiefe befindet, keinen Höhenschwankungen ausgesetzt ist, und weil das Zielen und richtige Abkommen in der Kielrichtung eines geradeaus fahrenden Schiffs von einem erfahrenen Seeoffizier gewissermaßen im Schlaf ausgeübt werden kann. Ein Schiff wird daher, wenn sein Torpedotreffer den Feind vielleicht auch nicht zum Sinken bringen kann, diesen doch für einige Zeit bewegungslos machen und kann nun die Gelegenheit zu einem sichern Rammstoß finden.

---

[1] Auf diesen Gegenstand werden wir auf S. 135 und 136 zurückkommen.

Eine Kehrseite hat die Sache aber auch. Geht ein Kommandant zum Rammen über, ohne daß vorher ein im Ausstoßrohr gelagerter Torpedo abgeschossen worden ist, dann wird dieser wahrscheinlich bei dem Zusammenprall explodiren und das eigene Schiff umsomehr gefährden, als nun vermuthlich auch die andern in dem Torpedoraum noch lagernden Torpedos mit zur Explosion kommen werden. Es ist daher nicht ausgeschlossen, daß ein Admiral, welcher sich dazu entschlossen hat, den Feind vornehmlich mit dem Sporn anzugreifen, auf seinen Schiffen den Gebrauch der Bug=Ausstoßrohre für einen gewissen Zeitraum verbieten wird, weil es ihnen unter Umständen nur schwer möglich sein würde, vor dem Rammen den Torpedo noch auszustoßen, ohne nicht selbst in seinen Wirkungskreis mit hineingezogen zu werden.

Die Anwendung des Sporns erscheint uns übrigens nicht allein von der hierzu gebotenen Gelegenheit abhängig. Wer rammen will, muß auch die Begabung dazu haben. Hierzu gehören: Entschlossenheit in der Wahl eines Entschlusses und im Handeln; die Gabe, den richtigen Augenblick zu erkennen und zu erfassen; kaltes Blut, um der Maschine zu rechter Zeit, nicht zu früh und nicht zu spät, den Befehl zum Rückwärtsgang zu geben.

Mit großer Schnelligkeit muß unser Sporn an das Ziel herangeführt werden, aber er darf nicht mit zu großer Wucht in dasselbe eindringen und er muß von ihm wieder frei sein, ehe das feindliche Schiff sinkt, weil dieses sonst vielleicht seinen siegreichen Gegner doch noch mit unter Wasser zieht. Das Schiff, welches seinen Sporn in ein anderes hineinbohren will, muß daher mit verhältnißmäßig großer Maschinenkraft an das letztere heranfahren, muß dann aber kurz vor dem Ziel stoppen und in demselben Augenblick, wo der Stoß erfolgt, mit so viel Dampfkraft rückwärts arbeiten, daß es im entscheidenden Augenblick genügende Rückwärtsbewegung hat, um sich der gefährlichen Umklammerung seines Opfers zu entwinden.

Die Handwaffen sind die gleichen, wie die der Armee. Von ihnen können auf dem Schiff nur die Feuerwaffen — das Magazingewehr und der Revolver — in Betracht kommen, weil die Enterung[1] doch der

---

[1] Die Enterung kann nur noch vorkommen, wenn ein kleineres Schiff von Wilden in Booten angegriffen wird.

Vergangenheit angehört und nur hierbei die Hieb- und Stoßwaffen eine Rolle spielten. Ob die Handfeuerwaffen im Seekrieg heutzutage eine Bedeutung zur Abschießung feindlicher Offiziere, Steuerleute, Signalgasten und der Bedienungsmannschaften der großen Kanonen haben, kann übrigens nur ein zukünftiger Krieg lehren. Selbstverständlich ist, daß Gewehr und Revolver nicht anders als im Nahkampf zur Geltung kommen können, und auf diesen rechnen allerdings die meisten Seeoffiziere, weshalb sie hier und da den Werth der genannten Waffen ziemlich hoch stellen. Aber niemand weiß, ob im Nahkampf, wenn Kanonen mit einer Pulverladung bis zu 500 kg Gewicht abgeschossen werden, der Mensch im Stande ist, den Druck der auf ihn gerichteten Gase auf Entfernungen zwischen 50 und 300 m auszuhalten, ohne seine Trommelfelle zu verlieren und sonstigen Schaden zu nehmen, wenn er nicht gar einfach von dem Schiff ganz heruntergeblasen wird. Auch weiß niemand, ob die Schützen bei den aus Pulverdampf und Kohlenrauch gebildeten Wolken, welche sich in der Regel als dichter Nebel auf das Wasser lagern, überhaupt dazu kommen werden, irgendein Ziel für ihre Waffen zu finden. Aber das wissen wir, daß unsere Marine-Infanterie und wahrscheinlich auch die Schützen anderer Marinen ihrem Gegner nur wenig Schaden zufügen werden, denn bei dem auf Seite 87 und 88 erwähnten Probeschießen mit Revolverkanonen waren auch ausgesuchte Schützen der Marine-Infanterie thätig. Bei 9 Knoten Fahrt wurden auf 500 m Entfernung 700 Schuß abgegeben und 4 Treffer verzeichnet, auf 200 m Entfernung 920 Schuß mit 13 Treffern, alle übrigen Geschosse gingen zu hoch. Und hierbei waren die Schützen hinter Deckung bequem gelagert, schossen mit aufgelegtem Gewehr, und weder das eigene Schiff feuerte mit seinen großen Kanonen, noch wurde von dem Ziel widergeschossen. Meines Erachtens hat das Gewehr nur Bedeutung zur Abwehr feindlicher Torpedoboote; im Seekrieg sollte man daher diese Schützen, welche jetzt dem feindlichen Geschützfeuer schon auf die weitesten Entfernungen ausgesetzt sind, ohne irgendwie nützen zu können, in guter Deckung halten, um sie als Reserven für ausgefallene Mannschaften verwerthen zu können.

3. Der Aviso.

Dem Panzerschiff am nächsten steht ein Fahrzeug, welches zu ihm gehört wie der Lootsenfisch zum Hai — es ist der Aviso. Er bildet das Auge und die Fühlhörner einer Flotte, ist deren Späher, Adjutant und Bote. Er muß alles sehen und auskundschaften, muß die für andere bestimmten Befehle sicher übermitteln. Er ist in dem einen Fall nur ein Spiegel, der die von dem Admiral ausgehenden Signale durch Wiederholung allen andern Schiffen sofort sichtbar macht; in dem andern Fall muß er eine selbständige Handlung ausführen, von welcher unter Umständen die Entscheidung eines darauf folgenden Kampfs abhängen kann. Er muß in Sicht eines weitab kreuzenden Feindes sein, dessen Bewegungen genau folgen und darf sich nur dann mit einem feindlichen Aviso in ein Gefecht einlassen, wenn dieser ihm den Weg zur Auskundschaftung verlegen will. Er darf, wenn der Kampf zwischen den Schlachtschiffen entbrannt ist, sich nie in eigene Gefahr begeben und muß doch so manövriren, daß er in kürzester Zeit wieder bei seinem Admiral sein kann, um dessen Befehle zu empfangen, sei es, um Depeschen nach dem nächsten Hafen zu bringen oder um ein havarirtes Schiff in Schlepptau zu nehmen. Sein Kommandant muß die Kraft besitzen, dem Schlachtgewühl zuschauen zu können, ohne sich selbst zur Theilnahme hinreißen zu lassen, und er muß den Muth haben, sich, wehrlos wie er gegen Panzerschiffe ist, mitten in das Getümmel zu stürzen, wenn sein Admiral ihn ruft, an dessen Seite er vielleicht den Kampf mit durchmachen muß, nur um seine Masten für die weggeschossenen des Admirals einzustellen, damit dieser auch fernerhin seine Befehle durch Signale geben kann. Zu einem Aviso=Kommandanten gehört ein ganzer Mann, da er unter

3. Der Aviso.

Aviso.

Umständen selbständig handeln muß, wie es von keinem Kommandanten eines Schlachtschiffs verlangt wird. Voraussichtlich wird dem Aviso noch eine neue Aufgabe zufallen, sobald erst seine Bauart dies gestattet (was jetzt nicht der Fall ist) nämlich einem besonders bedrängten Schiff mit Torpedo oder Sporn zu Hilfe zu kommen, in der Art von Reitertrupps, die zwei im Handgemenge befindliche Armeen umschwärmen, um ihre eigene Infanterie zu unterstützen oder sie herauszuhauen, wenn es noth thut.

Diesen Aufgaben kann nur ein Fahrzeug gerecht werden, das bei geringstmöglichem Tonnengehalt die größte Geschwindigkeit und beste Manövrirfähigkeit hat. Es darf von dem Feind nicht zu leicht gesehen werden und muß ihm ein möglichst kleines Ziel bieten. Es darf keine zu große Besatzung erfordern und nicht zu viel Geld kosten, weil jeder weitere Aviso für eine Flotte ein weiteres Auge bedeutet, daher zwei besser sind als einer. Eine Panzerflotte kann ihrer kaum genug haben, und wenn auch in Friedenszeiten zu Uebungszwecken für ein Geschwader von vier Schiffen einer genügt, so muß ihre Zahl in Kriegszeiten doch vermehrt werden. Namentlich die schwächere, in der Vertheidigung befindliche Partei findet nur dann die Möglichkeit zu einem gelegentlichen erfolgreichen Vorstoß, wenn ihr Kundschafts- und Beunruhigungsdienst der besser organisirte ist.

Diejenige Flotte, welche in der Vertheidigungsstellung vor einem ihrer Kriegshäfen kreuzt, wird die Avisos in Etappen derart vorgeschoben haben, daß stets je zwei von ihnen in Signalweite sind und der innerste mit seinem Admiral in Verbindung steht, damit dieser 10 bis 20 Minuten später, nachdem der äußerste Vorposten den Feind gesichtet hat, über dessen Stärke und Curs unterrichtet ist und nun seine etwaigen Maßnahmen treffen kann. Auch werden einige Avisos bei Ausbruch eines Kriegs noch weiter vorgeschoben werden, welche womöglich bis zu dem Hafen, in welchem man die feindliche Flotte weiß, vorgehen und den Aufbruch dieser hier erwarten, wonach dann der eine die fremde Flotte weiterhin im Auge behält, während der andere einen neutralen Hafen zur Aufgabe eines Telegramms anläuft, oder mit Volldampf bis zu der Stelle eilt, wo er den äußersten Vorposten antreffen muß, an den er seine Meldung abgibt und dann erneut den feindlichen Schiffen entgegendampft, um neue Nachrichten zu erspähen oder von seinem Kameraden zu erhalten. Ueber die weitere Entwickelung der Handlung bleibt der Phantasie ein weiter Spielraum. Jede Flotte wird die andere zu überlisten suchen, und hierbei fällt den Avisos die Hauptarbeit zu.

Leicht ist es, sich ein Bild davon zu machen, wie der anrückende Feind von uns zuerst ausgekundschaftet und als nicht stärker befunden wird, als wir sind, die wir ihn erwarten, daß daher unser vorgeschobenster Aviso auf seinem Posten ausharrt und den nächsten auch noch zu sich heranzieht, um den Feind anzulocken; daß die andern dann auch noch folgen und mit dem letzten gleichzeitig unsere Schlachtschiffe auf dem Kampfplatz erscheinen, um zum Angriff vorzugehen.

Leicht ist es auch, sich auszumalen, wie unser äußerster Vorposten, nachdem er einen überlegenen Feind seinem Nachbar signalisirt hat, die fremden Schiffe durch einen seitlichen Curs auf falsche Fährte lockt oder doch einen Theil derselben zu seiner Verfolgung reizt, wie dasselbe sich bei dem zweiten und dritten Aviso nach anderen Richtungen wiederholt, wenn der Feind sich nicht schon vorher hat täuschen lassen, und wie er so genügend abgehetzt wird, um unsern Torpedobooten vielleicht die Möglichkeit für einen nächtlichen Angriff zu verschaffen.

Leicht ist es, sich solche Bilder vorzuzaubern; aber wahrscheinlich wird sich die Handlung doch anders abspielen und namentlich dann, wenn der Avisodienst auf einer oder auf beiden Seiten in den Händen gepanzerter Kreuzer liegt. Doch wir erhalten durch das Bild immerhin einen annähernd richtigen Begriff von der Thätigkeit der Avisos, wie sie den Feind schon lange beunruhigen, ehe er sein nächstes Ziel, die Gewässer vor unserm Hafen, erreicht. Bei dieser Arbeit helfen dann später noch unsere Torpedoboote mit, welche, wenn sie auch nicht zu einem directen Angriff kommen sollten, den Feind doch durch fingirte Nachtsignale von verschiedenen Seiten in Zweifel versetzen, ob er nicht schon unsere Flotte in seinem Rücken hat. Es ist von großer Wichtigkeit, daß man einen stärkeren Feind von dem ersten Augenblick an in Athem erhält, daß er keinen Augenblick Ruhe findet und nie weiß, ob ihm ein ernster Angriff droht, oder ob er nur beunruhigt wird.

Ein Fahrzeug, welches alle die vorgenannten Aufgaben erfüllen soll, das sich an die Ferse des Feindes heften, an ihm kleben muß und ihn nie, auch nicht beim stärksten Sturm, aus den Augen lassen

Bauart der Avisos.

darf, muß aber neben Kleinheit und Geschwindigkeit noch andere Eigenschaften haben: hohe Seefähigkeit, Raum für einen großen Kohlenvorrath, und gute Wohnräume für die Menschen, welche nach einem Dienst aufreibendster Wachsamkeit die Gelegenheit zu kräftigender Ruhe finden müssen.

Die bisjetzt für die Avisos wol in allen Marinen festgehaltene Bauart ist diejenige eines hochbordigen zierlichen Lustfahrzeugs, dem man schon an seinen Formen große Schnelligkeit und gute Seeeigenschaften ansieht. Hohe schlanke Masten, welche nicht allein zum Signalisiren dienen, sondern auch Segel führen, um dem Fahrzeug in schwerem Wetter eine Stütze zu verleihen, helfen mit, das gefällige Äußere zu heben. 80 bis 120 Mann bilden die Besatzung, einige Kanonen kleinern Kalibers, Revolverkanonen und, merkwürdig genug, eine Zahl von Torpedoausstoßrohren die Bewaffnung; aber fahrbare Körbe an den Masten für die Ausguckposten fehlen auffälligerweise, obgleich man mit diesen im Stande ist, schon auf weite Entfernungen hin schnell und sicher die Geschwindigkeit heranfahrender Schiffe zu bestimmen. Der Bau des Fahrzeugs ist leicht, die Bordwand besteht aus dünnen Eisen- oder Stahlplatten; Schutz gegen äußere Beschädigungen geben daher nur die wasserdichten Abtheilungen.

Daß ein solches Fahrzeug sich allein mit einem Gegner seiner Art messen und sonst nur schwächere Bauten, wie Torpedoboote und dergleichen angreifen kann, liegt auf der Hand; es bleibt daher unverständlich, wie man ihm, das jedem Zusammenstoß mit einem Panzerschiff schon auf 6000 m Entfernung aus dem Weg gehen muß, eine Torpedoarmirung geben konnte, von welcher jedes Ausstoßrohr mit allem Zubehör etwa 7 Tonnen wiegt. Es ist dies nicht nur weggeworfenes Geld, sondern das Gewicht schadet auch der Schnelligkeit und den Seeeigenschaften. Bis auf 300 m an ein Panzerschiff heran kann der Aviso nicht kommen, und zur Bekämpfung seinesgleichen genügen die leichten Kanonen; will man ihm aber doch durchaus eine dem Torpedo ähnliche vernichtende Waffe gegen ungepanzerte Schiffe geben, dann werden leichte kurze Geschütze mit einem Kaliber von etwa 30 cm, deren mit Pulver oder Schießbaumwolle geladenen Zündergranaten von 500 bis 900 kg Gewicht mit nur geringer Anfangsgeschwindigkeit auf 500 bis 600 m Entfernung das Ziel sicher treffen,

8*

eine wirkungsvollere Waffe sein, als die gleiche Zahl Torpedoausstoß=
rohre, welche nur auf 300 bis 400 m anwendbar sind.

Allerdings wird wol die Zeit nicht mehr fern sein, wo die jetzigen
Avisos als solche nur noch im Friedensdienst, im Kriege dagegen nur
noch als Vorposten Verwendung finden werden, weil die Massen, mit
welchen die Flotten heutzutage schon wieder auftreten, es erforderlich
machen werden, ähnlich wie in alten Zeiten die Fregatten, jetzt ent=
sprechend starke Schiffe zu dem Avisodienste zu verwenden. Die ge=
panzerten Kreuzer, welche ursprünglich nur dazu bestimmt waren, in
fernen Meeren zu kreuzen, um feindliche Handelsschiffe aufzubringen,
sind die gegebenen Schiffe hierfür und werden bei dieser Verwendung
sich nützlicher machen, als bei der ziemlich unfruchtbaren Jagd auf
Handelsdampfer. Sie werden, wenn die Flotten in das sogenannte
Pêle-mêle kommen, außerhalb des eigentlichen Kampffelds und des
dort herrschenden Pulverdampfs die Lage überschauen und die Ge=
legenheit erfassen können, um mit ziemlich sicherm Erfolg ihre Torpedos
zur Anwendung zu bringen.

4. Das Torpedoboot.

Wie die Ueberschrift schon besagt, soll in diesem Abschnitt nur das Torpedo b o o t besprochen werden. Die früheren Constructionen der Torpedoschiffe, welche in den verschiedenen Marinen in der Zeit vom Anfang bis zum Ende der siebziger Jahre in Größen von über 2000 Tonnen gebaut wurden, sind als unzweckmäßig erkannt worden und können von uns, da sie heute anderen Zwecken dienen, unberücksichtigt gelassen werden.

Ehe das Torpedoboot seine jetzige Vollendung erreichte, hat es übrigens mancherlei Wandlungen durchmachen müssen, und lebensfähig wurde der Gedanke überhaupt erst, als sich die Möglichkeit zeigte, solch kleinen Fahrzeugen eine bis dahin für unerreichbar gehaltene Schnelligkeit zu geben, welcher sich naturgemäß die ganze Bauart vollständig anpassen mußte. Doch die Schiffbau= und die Maschinenbautechnik machten andererseits wieder so schnelle Fortschritte, die Eisenindustrie lieferte von Jahr zu Jahr so viel besseres Baumaterial, daß es bald keine Schwierigkeiten mehr machte, die verlangten Geschwindigkeiten zu schaffen, und nun konnte man dazu übergehen, auch die Seefähigkeit der Boote, welche eine sehr große geworden ist, zu erhöhen.

Das Interessanteste für den Fachmann ist an dem Torpedoboot die Einrichtung, durch welche es neben allem andern technischen Fortschritt allein möglich wurde, dem Fahrzeug die große Schnelligkeit zu geben. Das Geheimniß ruht in der Anwendung einer doppelt so großen Schiffsschraube, als Fahrzeuge gleicher Größe sie sonst haben. Die Maschinenkraft hätte man ja immer schon beliebig erhöhen können,

118　　　　　　　　　　4. Das Torpedoboot.

aber man konnte diese nicht in Arbeit umsetzen, weil die Maschine in der Zahl ihrer Umdrehungen [1] beschränkt ist und die kleine Schraube nur durch eine höhere Umdrehungszahl eine größere Arbeit hätte verrichten können. Die Anwendung der großen Schraube wurde indeß nur durch eine besondere Bauart des Fahrzeugs ermöglicht, da die Schraubenwelle auf den Schiffen doch gewöhnlich in der Mitte zwischen Wasserlinie und Kiel (Fig. a) liegt, die Schraube mithin hier immer einen etwas kleinern Durchmesser haben muß, als der Tiefgang des Schiffs beträgt. Bei dem Torpedoboot hat man nun die Welle tiefer, dicht über dem Schiffsboden angeordnet (Fig. b) und so den Platz für die größere Schraube geschaffen, welche nun zwar fast mit ihrer Hälfte nach unten über den Schiffsboden hinausragt, hierdurch aber auch noch weitere Vortheile gebracht hat.

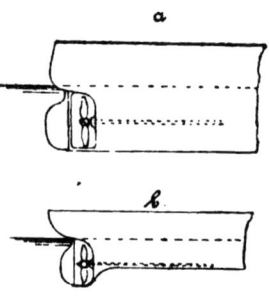

Das Ruder konnte vergrößert, mithin die Steuerfähigkeit des Boots erhöht werden, und die Schraube ist wirkungsvoller geworden, weil die unterhalb des Kiels arbeitenden Flügel festeres Wasser, welches nicht schon durch den Schiffsrumpf in Bewegung gebracht ist, finden, somit besser angreifen können, was besonders werthvoll für den Wechsel in der Bewegung ist. Denn während ein gewöhnliches Schraubenschiff erst nach Verlauf einer bestimmten Zeit zum Stillstand oder vom Vorwärtsgang auf rückwärtige Bewegung gebracht werden kann, vermag das Torpedoboot fast auf der Stelle zu stoppen und in die entgegengesetzte Bewegung überzugehen. Eine schwache Seite hat die Construction allerdings auch, nämlich die, daß das Fahrzeug nie auf den Grund gerathen darf, weil damit Schraube und Ruder ernsten Beschädigungen ausgesetzt werden würden, da diese weit nach unten vorstehenden Theile den Grund doch zuerst berühren müßten. Die Thätigkeit des Torpedoboots soll sich indeß auf Wassertiefen abspielen, wo große Schiffe angetroffen werden können, diese Schwäche seiner

---

[1] Dies bezieht sich auf ein bestimmtes Zeitmaß, für welches die Minute angenommen worden ist.

Bauart hat daher nicht viel zu bedeuten, denn das Boot ist nicht deshalb klein, um in seichten Gewässern fahren zu können, sondern um dem Auge möglichst wenig sichtbar zu sein und dem feindlichen Feuer das kleinste Ziel zu bieten. Allerdings baut man in neuerer

Torpedoboot.

Zeit auch wieder größere Torpedoboote, weil — nun, weil die Menschen eben nie Maß halten können, und wenn diese größeren Fahrzeuge in den verschiedenen Marinen auch unter verschiedenem Namen erscheinen, so sind sie schließlich doch nur große Torpedoboote.

4. Das Torpedoboot.

Das eigentliche Torpedoboot ist ein niedriges, schlankes Fahrzeug, dessen Deck die Form eines gewölbten Rückens hat und so versichert ist, daß das Boot durch Wassersgefahr nur dann leiden kann, wenn das Deck oder der Rumpf von außen beschädigt werden. 35—45 m lang, bis zu 5 m breit, unter Wasser im Rumpf 1 m und am Ruder 2 m tief, über Wasser 1,5 m hoch, aus dünnsten Stahlplatten zusammengefügt, hat es ein Gewicht von 80—120 Tonnen und eine Maschine bis zu 2500 Pferdekräften. Die Schnelligkeit der neuesten soll bis zu 25 Knoten oder 46 Kilometer in der Stunde betragen. Die Besatzung zählt 15 Köpfe, darunter ein Offizier als Kommandant. Ueber das Deck hinaus ragen nur:

Der kurze Schornstein.

Die Torpedo-Ausstoßrohre, welche Ueberwasserrohre sind und früher nur in fest eingebauten Bugrohren bestanden, jetzt aber auch in Breitseitrohren bestehen.

Die eisernen Kuppen, welche die Böcke für die Revolverkanonen bilden und gleichzeitig als Niedergänge zu den untern Räumen dienen.

Ein umklappbarer Mast, dessen das Boot zu Signalzwecken bedarf.

Der Kommandothurm, in welchem sich das Dampfruder befindet und von wo aus der Offizier, bezw. während gewöhnlicher Fahrt ein Unteroffizier, das Fahrzeug leitet. Er dient hauptsächlich als Schutz gegen Wind und Spritzwasser, welch letzteres bei schneller Gangart auch in ruhiger See als dichter Sprühregen über das Fahrzeug fegt.

Der innere, nur etwa 2 m hohe Raum kann natürlich nicht in horizontale Decks getheilt sein, er hat nur senkrechte Wände zur Schaffung der verschiedenen nothwendigen Räume, welche gleichzeitig als wasserdichte Abtheilungen dienen. Vorn befinden sich in einem gemeinsamen Raum das Torpedolager und der Wohnraum der Mannschaft, dann folgen der Kesselraum, der Maschinenraum, das Wohngelaß für den Maschinisten, die Kajüte des Offiziers, und ganz hinten sind kleine Räume für die Vorräthe. Die Kohlen, welche mit Volldampf für 24 Stunden und mit langsamer Fahrt für 10 Tage reichen, lagern zu Seiten des Kessel- und des Maschinenraums.

Daß alle Räume auf das äußerste beschränkt sind, versteht sich von selbst, und keiner kann wohnlich genannt werden. Die Küche besteht in einem kleinen Herd, auf welchem nur das Nothwendigste gekocht werden kann. Platz zu körperlicher Bewegung ist nicht vorhanden. Hunde, welche mit an Bord genommen wurden, haben den Dreher bekommen, aber die Menschen haben bisjetzt die auf ihnen lastenden Entbehrungen, die sinnbetäubenden Geräusche und Erschütterungen ertragen; die jungen Offiziere wol, weil sie einen besondern Reiz darin sehen, ziemlich selbständig zu sein; die Mannschaften, weil sie wenig mit Musterungen und Exercitien geplagt werden und sich ganz ihrer Liebhaberei des Kochens nach eigenem Geschmack hingeben können, wovon sie auch den ausgiebigsten Gebrauch machen, denn auf dem Torpedoboot wird immer gekocht. Bei heißem Wetter brennt die Sonne unerbittlich auf die dünnen, mit stumpfer, schwarzer Farbe angestrichenen Eisenwände und erzeugt eine kaum zu ertragende Hitze; bei kaltem Wetter und nachts zieht das äußere Wasser alle Wärme, welche sich in dem eisernen Bau angesammelt hat, wieder heraus und läßt den Dunst als Wasser an den inneren Wänden herabträufeln.

In Friedenszeiten läßt sich bei Sommerindienststellungen ein solcher Zustand noch ertragen, weil mit Ausnahme der wenigen eigentlichen Manövertage das Boot am Tage meist, nachts fast immer in geschützten Häfen liegt, wo die Besatzungen sich auch am Land ergehen können. Wie es dagegen in Kriegszeiten werden wird, wo die Boote wochen- und monatelang bei Sturm, Regen und Schnee in vorgeschobenen Stellungen liegen müssen, um nicht eine sich ihnen bietende Gelegenheit zu einem Vorstoß zu verpassen, wo die Menschen sich dauernd in angespanntester Nervenaufregung befinden, kann nur dermaleinst die Erfahrung lehren. Es ist zwar jedem einzelnen Torpedoboot das hohe Ziel gesteckt, einem hundertmal größern, mächtigen Panzerschiff den töblichen Torpedo in die Flanken zu jagen, und solchem Ziel kann der Mensch schon manches Opfer bringen, sofern er an die Unfehlbarkeit des Torpedoboots glaubt. Diesen Glauben besitzen nun allerdings der junge Kommandant und seine jugendliche Besatzung, nicht merkwürdigerweise, sondern naturgemäß, weil die Schnelligkeit, mit welcher das Fahrzeug durch das Wasser schießt, den auf ihm befindlichen Menschen ein ganz eigenes Gefühl der Sicherheit und Ueberlegenheit gibt. Die Fahrgeschwindigkeit wächst für das Empfinden auch noch auf weiter Wasserfläche, wo man nicht an festliegenden sichtbaren Gegenständen vorbeifährt, etwa in dem Verhältniß, wie die Augeshöhe des Beobachters über der Meeresfläche abnimmt, sie wird daher bei 20 Knoten Fahrt auf einem niedrigen Torpedoboot zu einer anscheinend unmeßbaren, während man auf großem hohem Schiff bei Geschwindigkeiten über 12 Knoten Fahrt gar nicht mehr recht zu dem Bewußtsein einer weitern Beschleunigung kommt. Andererseits hängt aber mit dem Leben auf einem kleinen Fahrzeug und namentlich auf einem kleinen Dampfer zusammen, daß der Mensch bei längerer Fahrt auf offener See bald in hohem Grad nervös wird, weil er in jedem mäßigen Wind und Seegang einen Sturm sieht und weil sein Horizont wegen seiner niedrigen Augeshöhe so begrenzt ist, daß er mit der Sichtweite von zwei Seemeilen wol bei glatter ruhiger See noch einigermaßen Umschau halten kann, bei bewegter See aber meist auf die Wände der ihn umgebenden Wellen beschränkt ist. Das Gefühl der Unsicherheit, welches den Menschen in solcher Lage beschleicht, wird auf einem eisernen Torpedoboot dadurch noch weiter erhöht, daß hier der Kompaß schon bei ruhiger Fahrt unzuverlässig ist, durch die Erschütterungen bei schneller Fahrt und durch die heftigen Bewegungen bei Seegang aber nahezu unbrauchbar wird, der Kommandant daher leicht in die Lage kommen kann, nicht zu wissen, wohin er fährt und wo er ist. Um diesen Mißständen zu begegnen, sowie aus taktischen Gründen, läßt man die Torpedoboote nicht mehr einzeln fahren, sondern faßt sie in Flotillen zusammen, welche von einem Aviso geführt werden, während an der Spitze einer jeden Division der Flotille ein Divisionsboot steht, wie in unserer Marine die früher erwähnten großen Torpedoboote neuerer Construction genannt werden, welche bis zu 400 Tonnen groß sind, Maschinen mit mehr als 4000 Pferdekräften haben, mit 4 Offizieren und 40 Mann besetzt sind und neben der Torpedoarmirung und den Revolverkanonen auch noch einige Schnellfeuerkanonen haben. In solch einem Flotillenverband sind die Kommandanten der Torpedoboote der Sorge für die Navigirung enthoben, sie halten nur die ihnen vorgeschriebene Fahrordnung ein und ihr Boot in der richtigen Lage zu dem Divisionsboot, während dieses sich wieder nach dem Aviso richtet, auf welchem der Flotillenchef das Ganze leitet. In dieser Weise sollen die Boote bis in Sicht des Feindes gebracht werden und dann erst unter der Führung der Divisionsboote rottenweise zum Angriff vorgehen, was unsere Torpedoboote in Friedenszeiten bei Tag und bei Nacht, bei gutem und bei schlechtem Wetter mit großer Bravour ausführen. Ob sie aber wirklich bei den Manövern je bis auf Torpedo= schußweite an das Ziel herangekommen sind, ist meines Wissens nie festgestellt worden, obgleich es bei einem Scheinangriff auf verankerte Schiffe leicht dadurch hätte geschehen können, daß das Boot in dem Augenblick, wo es das Ausstoßen des Torpedos fingirte, einen Anker mit Boje warf, woran nachträglich die Entfernung von dem Schiff hätte abgemessen werden können.

Das Torpedoboot kann natürlich den Torpedo auch nur aus seinen Ausstoßrohren entsenden, es muß daher bis auf 400 m oder noch näher an den Feind heranrücken, ehe es dies thun kann. Dies ist eine sehr mißliche Sache, weil bei Tage die feindlichen Präcisions= geschütze, schwere wie leichte, schon auf 6000 m Entfernung mit Schießen beginnen, bei Nacht die Entfernungsschätzung so schwierig ist, daß die Torpedoboote, welche mit dem Bugrohr angreifen wollen, auch in dem Fall, wo es ihnen gelingen sollte, sich unbemerkt an den Feind heranzuschleichen und wenn sie nicht noch im letzten Augenblick durch die später zu besprechenden Abwehrmittel verscheucht werden, nur selten auf die richtige Schußweite an das Ziel herangekommen sein werden. In der Nacht wachsen die Formen der Schiffe, sobald sie erst für das Auge von der dunkeln Wasserfläche aus der etwas helleren Luft heraustreten, in das Ungeheuerliche und bewirken dadurch, daß man sich dem Schiff sehr viel näher glaubt, als es in Wirklichkeit der Fall ist; ja, man glaubt oft schon in dessen Schatten zu sein, wenn man sich noch weit ab befindet. Der Führer des Torpedoboots

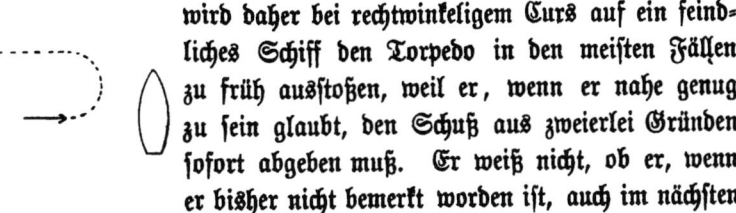

wird daher bei rechtwinkeligem Curs auf ein feind= liches Schiff den Torpedo in den meisten Fällen zu früh ausstoßen, weil er, wenn er nahe genug zu sein glaubt, den Schuß aus zweierlei Gründen sofort abgeben muß. Er weiß nicht, ob er, wenn er bisher nicht bemerkt worden ist, auch im nächsten Augenblick noch die Gelegenheit zu dem Schuß finden wird; er ist bei seiner Fahrgeschwindigkeit von 10—12 m in der Sekunde in Gefahr, nicht mehr drehen zu können, um rechtzeitig aus dem Bereich des eigenen explodirenden Torpedos zu kommen, wenn er dem feindlichen Schiff zu nahe sein sollte.

Diese Schwierigkeiten sind neuerdings in der Hauptsache zwar durch die Anordnung der Breitseitrohre beseitigt, denn wenn die Torpedoboote nachts bei ihrem Anlauf die feindlichen Schiffe in einer Lage finden, daß sie in deren Kielrichtung an ihnen vorbei und zwischen ihnen durch laufen können, dann vermögen sie die Entfernung leichter zu schätzen und werden, wenn sie zwischen zwei Schiffen sind, stets in Schußweite nach dem einen oder andern sein; auch können sie ohne Gefahr für sich selbst auf sehr nahe Entfernungen den Torpedo aus den Breitseitrohren ausstoßen, weil sie ohne Drehung weiter laufen können und mit ihrer schnellen Fahrt rechtzeitig aus dem Bereich der Explosion hinauskommen werden.

Zu all dem gehört aber, daß die anzugreifenden Schiffe entweder zu Anker liegen, was sie angesichts einer feindlichen Küste wol nicht thun werden, oder daß sie mit langsamer Fahrt in der Nähe der Küste hin und her kreuzen, anstatt mit einbrechender Dunkelheit die hohe See aufzusuchen, und daß sie in beiden Fällen die nothwendigen Vorsichtsmaßregeln außer Acht lassen.

Im allgemeinen ist das Torpedoboot ein energisches, rücksichtsloses Ding, welches, wenn die See nicht zu hoch wird, unbekümmert um Wind und Wetter seinen Weg verfolgt. Es soll bei Tag im Pêle-mêle des Gefechts, bei Nacht im Schutz der Dunkelheit

Die Pfeile sollen Torpedoboote darstellen.

geräuschlos auf feindliche Schiffe stoßen. Beide Aufgaben erfüllen unsere jungen Torpedobootskommandanten im Friedensmanöver mit bewundernswerthem Geschick und kernigem Muth. Es ist eine wahre Freude, solch einem Manöver beizuwohnen und zu sehen, mit welcher Sicherheit die Fahrzeuge geführt werden, wie sie selbst Augen und Ohren zu haben scheinen, mit denen sie jedes Flaggen- und Pfeifensignal sofort aufnehmen und befolgen, wie sie die schwierigsten Manöver spielend ausführen, obgleich die Sicherheit des Fahrzeugs bei jedem kleinen Fehler in der Führung oder durch einen Unfall an der Maschine oder dem Ruder ernstlich gefährdet ist.

Aber mit diesen vortrefflichen Leistungen können wir uns doch nicht über den wahren Werth der Torpedoboote als Waffe hinwegtäuschen. Ob sie am Tage je in das Streiten zweier Panzerflotten werden eingreifen können, wo sie hinter ihren eigenen Schiffen gegen das feindliche Feuer gedeckt, erst im Schlachtgetümmel, von dem man noch gar nicht weiß, wie es sich gestalten wird, hervorbrechen und auf feindliche Schiffe stoßen sollen, um mit ebensoviel Wahrscheinlichkeit ein Schiff der eigenen wie eins der feindlichen Seite anzugreifen, ist mehr als zweifelhaft. Ob sie bei Nacht in der offenen See etwas werden ausrichten können, muß die Erfahrung lehren. Ich glaube nicht, daß die Torpedoboote diese Aufgaben werden erfüllen können, und gestehe ihnen nur in der Küstenvertheidigung eine Bedeutung zu, wo sie den Feind zwingen sollen, Nacht für Nacht die hohe See aufzusuchen, wohin sie ihn auch verfolgen sollen, um ihn zu beunruhigen und seine Nerven zu zerrütten. Sobald aber der Feind es trotz der Küstenbefestigungen, der Minen- und sonstigen künstlichen wie natürlichen Hafensperren möglich machen sollte, zu der Forcirung eines Hafens übergehen zu können, dann haben die Torpedoboote sich zu opfern und unbekümmert um das feindliche Feuer vorzugehen, um mit ihrem Tod womöglich auch einen sehr viel mächtigern Feind zu verderben. Hierzu genügt indeß eine geringere Zahl von Torpedobooten, die wir schließlich auch besetzen können. Wo sollen wir jetzt in einem Kriegsfall die erforderlichen 150 Torpedobootskommandanten, die 150 Maschinisten und die 1500 Mann hernehmen, ohne die anderen Schiffe zu schädigen? Wollen wir etwa einer feindlichen Flotte die Stirn allein mit Torpedobooten bieten, dann hat der Luxus, welcher mit der Indiensthaltung der Torpedoboote, mit den vielen Manövern, der Torpedoinspection und den vielen anderen Einrichtungen, welche ein großes Personal und sehr viel Geld erfordern, getrieben wird, seine Berechtigung; dann aber bedürfen wir auch keiner großen Panzerschiffflotte, welche wir nicht mehr so zu besetzen vermögen, daß die Schiffe mit Vertrauen zu sich selbst in den Kampf gehen können. Jetzt sehen wir alljährlich das beste Material an jungen Offizieren, welche sich zu dem viel begehrten Torpedodienst drängen, auf diesen Fahrzeugen, wogegen die kostbaren Panzerschiffe nur etwa mit der Hälfte der etatsmäßigen Offiziere besetzt sind. In gleicher Weise verschlingt die Torpedoinspection das beste Matrosenpersonal, weil sie nur ausgesuchte Mannschaften annimmt und hierin von den höheren Behörden unterstützt wird. Wie soll eine Schlachtflotte, deren Artillerie unzureichend mit Offizieren versorgt ist, welche in dem vorhergegangenen Wachdienst wegen mangelnder Ablösung schon aufgerieben und durch das Eindrillen der Rekruten und Reservisten, mit welchen die großen Schiffe in der Hauptsache besetzt werden müssen, da die Torpedoboote das übrige Personal in Anspruch genommen haben, überanstrengt und daher im Entscheidungskampf vielleicht nicht mehr dienstfähig sind, den Sieg erhoffen? Nicht vergessen darf man auch, daß jeder Offizier, welcher längere Zeit Torpedobootskommandant war, zunächst verdorben für den Dienst auf einem großen Schiff ist. Er ist zu selbständig geworden für den Dienst eines Wachoffiziers und findet sich auch nur schwer in die großen Verhältnisse und langsamern Bewegungen eines Panzerschiffs. Die Ergänzung der Wachoffiziere auf den Panzerschiffen wird sich in der Zahl allerdings voraussichtlich bald aus den Torpedobootskommandanten bewerkstelligen lassen, weil mit Sicherheit anzunehmen ist, daß in Kriegszeiten in kurzer Zeit ein großer Theil der Torpedoboote dienstunfähig sein wird, da diese empfindlichen Fahrzeuge schon in Friedenszeiten etwa den dritten Theil ihrer Dienstzeit in Reparatur liegen.

Schließlich bleibt noch zu erwähnen, daß die Revolverkanonen der Torpedoboote nur bei einem Zusammenstoß mit feindlichen Booten gebraucht werden sollen, und daß unsere Boote einen stumpfen schwarzen Farbenanstrich haben, weil dieser das Boot besser gegen das Gesehenwerden schützen soll, was allerdings nicht der Fall ist. Die Wasserfläche hat immer, sowol bei Tag wie bei Nacht einen gewissen spiegelnden Glanz, auf welchem ein stumpfer Gegenstand leichter erkennbar ist, als wie ein glänzender, jedenfalls ist die Entfernungsschätzung von dem letztern schwieriger, als von dem erstern.

5. Der Torpedobootsjäger.

Mit der Einfügung der Torpedoboote in die Reihen der Kriegsfahrzeuge entstand noch ein weiteres neues Schiffsmodell, der Torpedobootsjäger, weil es natürlich ist, daß eine Flotte die Möglichkeit haben muß, anrückende Torpedoboote angreifen zu können, um diesen nicht das alleinige Vorrecht des Angriffs zu lassen. Man kann nun diese kleinen schnellen Fahrzeuge weder mit großen Panzerschiffen, noch mit den diesen beigegebenen Avisos jagen, mußte daher besondere, für den Zweck geeignete sehr schnelle Fahrzeuge schaffen, welche für eine Flotte namentlich dann unentbehrlich sind, wenn diese, zur Aufrechthaltung einer effektiven Blockade, einen feindlichen Hafen auch während der Nächte umgürtet halten muß, weil sich hier ja für die Torpedoboote ein lohnendes Feld zu nächtlichen Angriffen bieten wird.

Man verwendet als Torpedobootsjäger Fahrzeuge verschiedener Größe, neuerdings vorzugsweise wol solche von 800 — 1200 Tonnen mit einer Fahrgeschwindigkeit von 20 — 24 Knoten, welche mit Schnellfeuer- und Revolverkanonen armirt sind, auch einen Rammbug haben, um Torpedoboote überrennen zu können. Sind sie den Zahlen nach den letzteren an Schnelligkeit auch nicht überlegen, so werden sie es in den meisten Fällen doch in Wirklichkeit sein, weil bei bewegter See die Geschwindigkeit kleiner Fahrzeuge schneller abnimmt, als die größerer, und weil die kleinen eher durch den Einfluß der Wellen zu gieren anfangen, d. h. in Schlangenlinien fahren, wodurch der zurückgelegte gerade Weg verkürzt wird. Dazu kommt dann noch, daß man von den größeren Fahrzeugen ein weiteres

Gesichtsfeld hat, mithin neben der gleichmäßigen Fahrt das Wild auch stets im Auge behält, es somit leichter einholen kann. Ein Torpedobootsjäger wird allerdings bei der Jagd immer nur eins der auseinanderstiebenden Torpedoboote aufs Korn nehmen können, wenn er eine Beute erringen will, und so werden z. B. von sechs bei einer Flotte befindlichen Jägern höchstens zwei die Jagd aufnehmen dürfen, weil

Torpedobootsjäger.

die andern zur Abwehr der möglicherweise in Heerden wieder vorstoßenden Boote, welche nicht gejagt werden, zurückbleiben müssen.

Die Bauart der Torpedobootsjäger ähnelt im allgemeinen derjenigen der Avisos, zu welchem Dienst man sie wol auch mit heranziehen wird. Bei uns sollen übrigens auch die Divisions-Torpedoboote als Jäger Verwendung finden, wie ihre Bewaffnung mit Schnellfeuerkanonen schon andeutet.

6. Die Schutz- und Abwehrmittel gegen die Waffen.

Ein Vergleich zwischen der ältern und neuen Zeit, zwischen dem hölzernen Segelschiff und dem eisernen, gepanzerten Dampfschiff zeigt uns neben vielen Neuerungen auch eine auffällige Erscheinung: das Streben, die Wehrkraft der Schiffe dadurch zu erhöhen, daß man die Wirkung der feindlichen Waffen nach Möglichkeit aufzuheben oder doch zu mildern sucht, wodurch das Waffenhandwerk zur See ein so abweichendes Gepräge von demjenigen der Landarmee erhält. Man will zwar vielfach die Schiffe mit Festungen vergleichen, in welchen die Besatzungen ebenfalls Schutz hinter Erdwällen, Mauerwerk und Panzerwänden suchen, doch läßt sich dieser Vergleich nicht aufrecht erhalten, weil die Festung nur der Vertheidigung dient, das Schiff aber in Folge der ihm gegebenen großen Beweglichkeit für den Angriff bestimmt ist, daher der Feldarmee gleich gestellt werden muß. Die als Zufluchtsstätte dienende Festung behält unverrückbar den ihr einmal gegebenen Standort bei; das Schiff dagegen bedeutet das auf die See übertragene Kampffeld, es bildet das Beförderungsmittel für die Menschen, welche auf dem Wasser mit einander streiten wollen.

Die gegen Artilleriefeuer zur Anwendung kommenden Schutzmittel, welche in der Hauptsache schon in der besondern Bauart der Panzerschiffe liegen, sind uns bereits bekannt; sie bestehen ja in dem Panzer und dem Einbau von Zellen in diejenigen Schiffstheile, welche nicht durch Panzer geschützt sind. Diesen Schutzvorrichtungen sind dann noch weitere für die Menschen, sowol für die hinter Deckung befindlichen wie für die freistehenden, hinzugefügt worden, um die Sprengstücke der etwa innerhalb des Panzers crepirenden Granaten und die

Geschosse der Handfeuerwaffen nach Möglichkeit unschädlich zu machen. Den erstern Zweck sollen Netze aus starkem Drahtgeflecht erfüllen, die, zwischen den Geschützen hängend, jedem stärkern Druck nachgeben und so die einzelnen Sprengstücke auffangen können; für den letztern Zweck sind kleine Schilde aus Stahlblech angebracht, welche die dahinter stehenden Menschen in erster Linie dem Auge des Feindes entziehen und daneben auch den kleinen Geschossen Widerstand leisten oder deren Kraft abschwächen sollen.

Ein weiteres, unter Umständen wahrscheinlich sehr wirkungsvolles Schutzmittel im Nahkampf gegen alle Waffen wird die künstliche Erzeugung von Pulverrauch sein. Denn zwei Flotten, welche auf nächste Entfernungen zwischen einander durchfahren wollen, um ihre zerstörenden Kräfte auf das äußerste auszunutzen, werden sich mit ihrer Artillerie so einrichten, daß sämmtliche Geschütze für den Augenblick, wo die Schiffe sich passiren, jedenfalls schußbereit sind, damit jetzt alle auf einmal abgefeuert werden können und hierdurch die Wucht des Feuers auf das höchste Maß gebracht wird. Beide Parteien werden daher vermuthlich einige Zeit vor dem Zusammenstoß das Feuer einstellen, um lautlos sich zu nähern und erst im letzten Augenblick ihre verderbenbringenden Feuerschlünde wieder zu öffnen. Wenn nun beispielsweise zwei Flotten in der nebenstehend skizzirten Formation aneinander vorbei und zwischen einander durchfahren sollten, dann würden die vier Schiffe a ihr Feuer bei x abgeben und, unter der Annahme einer gegenseitigen Fahrgeschwindigkeit von 10 Knoten und bei einem Abstand der Schiffe untereinander von 400 m, schon nach 40 Sekunden in z bei den feindlichen Schiffen b angelangt sein, ohne diesen, nunmehr erst in das Feuer

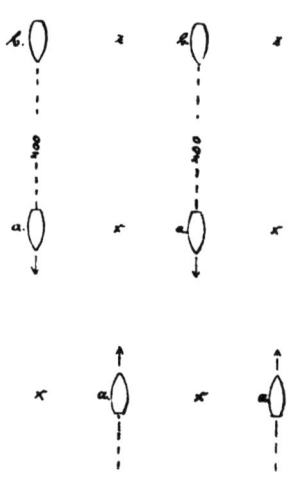

eintretenden Schiffen außer einigen kleinen Geschossen aus Schnellfeuerkanonen nur einen gegen Panzer wirkungsvollen Schuß oder einen

Torpedo entgegenstellen zu können, da zum Laden der größeren Geschütze und zum Einlegen neuer Torpedos 3—4 Minuten erforderlich sind. Die Schiffe a werden daher, wenn sie nicht etwa hinter den mit b bezeichneten noch weitere finden, gegen welche sie ihre Artillerie noch rechtzeitig schußfertig zu machen vermögen, nichts besseres thun können, als sich durch das Abfeuern schnell in die Geschützrohre gelegter Kartuschen (Pulversäcke), was nur kurze Zeit erfordert, in eine Pulverrauchwolke zu hüllen, um für den Gegner unsichtbar zu werden und dessen Schützen vielleicht auch durch den Druck der Pulvergase vorübergehend zu betäuben, sobaß sie womöglich gar unfähig sind, ihre Geschütze abzufeuern, wenn unsere Schiffe b zum Schuß kommen.

Unser besonderes Interesse verdienen die Schutzmittel gegen Torpedos und die Abwehrmittel gegen die Torpedoboote. Als Schutz gegen Torpedos dient zunächst, wie wir auch schon gehört haben, die besondere Bauart der Schiffe unter Wasser. Daneben wendet man Netze aus starkem Eisendraht an, welche aus ineinandergeflochtenen, 15 cm Durchmesser haltenden Ringen bestehen, 4 m hoch sind und in einer Entfernung von etwa 3 m das ganze Schiff umgeben. Sie hängen an starken Bäumen, mit welchen sie im Gebrauchsfall so ausgespannt werden, daß sie mit ihrem obern Rand in der Wasserlinie liegen, das Schiff also bis zu 4 m Tiefe schützen. Da sie ferner unten nicht beschwert, auch nicht am Schiff befestigt sind, so können sie jedem Druck nachgeben und werden daher einem anlaufenden Torpedo nicht genug Widerstand bieten, daß dieser zur Explosion kommen kann, weil die Federkraft der Nasen an der Pistole des Torpedos nicht überwunden wird, dieser daher, in dem Netzwerk festgehalten, seine Maschinenkraft wirkungslos erschöpft und dann versinkt. Kommt der Torpedo aber dennoch zur Explosion, dann erfolgt dieselbe in so großer Entfernung von dem Schiff, daß sie für dieses ungefährlich bleibt und höchstens das Netz theilweise zerstört.

Obgleich nun das Torpedoschutznetz den Zweck, welchem es dienen soll, an einem zu Anker liegenden Schiff zweifellos erfüllen wird[1], sind

---

[1] Nach neuern Nachrichten aus England hat man jetzt den Kopf der Torpedos mit einer Scheere ausgestattet, welche bei dem Anlauf gegen das Netz dieses durchschneidet und dem Torpedo die Bahn frei macht.

doch mit der ganzen Einrichtung so große Nachtheile verknüpft, daß man besser thäte, von ihrer Anwendung ganz abzusehen. Die Umgürtung eines Schiffs mit einem solchen Panzerhemd, wie man das Torpedoschutznetz wol nennen kann, bedeutet genau dasselbe, als wenn man die Reiter und Fußtruppen einer Feldarmee wieder in eiserne Rüstungen stecken wollte. Das Panzerschiff ist nicht dazu bestimmt, vor seinem Anker den Feind zu erwarten, sondern es muß angesichts desselben befähigt sein, die ihm mögliche höchste Fahrgeschwindigkeit aufzunehmen; das kann es aber nicht mit ausgebrachten Schutznetzen. Man hat allerdings festgestellt, daß die Schiffe mit den im Wasser hängenden Netzen bei ruhiger See bis zu 8 Knoten Fahrt machen können, ohne daß die die Netze haltenden Bäume brechen und die ersteren in die Schrauben gerathen, wodurch das Schiff zum Stoppen seiner Maschinen gezwungen würde; doch weiß man auch, daß bei solcher Fahrt die Netze durch die Reibung im Wasser an die Oberfläche gedrückt werden, mithin einen tiefer laufenden Torpedo nicht mehr abhalten können. Andererseits hat man aber noch nicht festgestellt, wie sich die Sache gestalten wird, wenn im Kampf die Schutznetzeinrichtung durch Geschosse so beschädigt wird, daß entweder durch Zerschießen der Strebebäume oder der Lagerplätze oben auf dem Schiff die Netze an die Schiffsseite treiben oder von oben herunterfallen und sich nun in die Schrauben verwickeln, sodaß das Schiff zum Stoppen und damit zur Uebergabe an den Feind gezwungen wird. Die Schutznetze können daher nur da von Nutzen sein, wo eine Flotte einem Feind gegenübersteht, welcher keine Panzerschiffe, sondern nur Torpedoboote besitzt, weil hier die Schiffe mit ausgebrachten Netzen jederzeit ohne große Gefahr einen ihnen bequemen Ankerplatz einnehmen könnten. Hat der Feind aber nur einige Panzerschiffe, dann darf auch die stärkste Flotte es nicht wagen, während der Nacht mit ausgebrachten Schutznetzen zu liegen, weil die blockirten Schiffe bei einem Ausfall die zu Anker liegenden schnell genug erreichen und mit ihrem Sporn zum großen Theil vernichten könnten, ehe diese ihre Anker gelichtet und ihre Schutznetze geborgen hätten; von Schiffen aber, welche während der Nacht zu Anker liegen, kann man mit Sicherheit annehmen, daß sie Schutznetze im Wasser haben. Somit wird es als ein Fehler betrachtet werden können, ein Panzerschiff dauernd mit

Andere Schutzmittel gegen Torpedos. 133

einem 30 Tonnen schweren Netzwerk zu belasten, welches kaum je in Gebrauch genommen werden wird und in gewöhnlichen Kriegsläuften dem eigenen Schiff größere Gefahr bringen kann, als es Nutzen tragen wird. Sollte man indeß gegen eine kleine Seemacht zu Felde ziehen wollen, welche keine Panzerschiffe, sondern nur Torpedoboote besitzt, und liegen deren Häfen an Meeresküsten, wo vorherrschend ruhige See ist und die Wassertiefen ein bequemes Ankern sichern, dann sind auf den Schiffen die Einrichtungen für die Netze schnell angebracht.

Es wird daher das Richtigere sein, für gewöhnliche Fälle auf die Mitführung und Anwendung der Schutznetze zu verzichten und vorläufig von Schutzvorrichtungen ganz abzusehen oder zweckmäßigere zu erfinden, bis es gelingt, für das Material des Unterbaus der Schiffe Aluminiumlegirungen anzuwenden, was nach dem heutigen Stand der Wissenschaft auf diesem Gebiet nur noch wenige Jahre währen kann. Ist der Preis des Aluminiums erst so weit gesunken, daß man dieses für den Schiffbau im Großen heranziehen kann, dann gestattet es die Leichtigkeit des Materials, die ungepanzerten Wandungen des Rumpfs so dick zu machen und diese nach innen mit so starken Stützen abzustreben, daß der Torpedo keinen nennenswerthen Erfolg mehr erzielen kann und somit aus der Reihe der Waffen vermuthlich wieder verschwinden wird. Bis dahin wird man sich mit Schutzmitteln behelfen müssen, welche geeignet sind, das Eindringen von Wasser in die durch den Torpedo aufgerissenen Räume zu verhindern. Vielleicht werden Gummisäcke, welche in den verschiedenen Räumen lagern und durch gepreßte Luft gefüllt werden, diesen Zweck erfüllen; vielleicht wird er auch durch die Anordnung eines Systems von Mannesmann'schen Röhren in den äußersten Zellen, welche dem Druck wol widerstehen werden, erreicht, oder durch die Ausfüllung dieser Zellen mit großen Hohlkugeln aus Aluminium, welche untereinander und an den Zellenwänden mit Ketten befestigt sind. Ob eine dieser Einrichtungen anwendbar ist, kann natürlich nur durch praktische Versuche festgestellt werden.

Die Abwehrmittel gegen Torpedoboote bestehen in den großen und kleinen Feuerwaffen, in Licht, in den Torpedobootsjägern und Avisos, welche bei Nacht eine Flotte in großem Umkreis umgeben. Daß die Schnellfeuerkanonen auf größere, die Revolverkanonen auf mittlere und einige hundert Magazingewehre auf nahe Entfernungen die Torpedoboote unschädlich machen können, liegt auf der Hand, und schwerlich werden die Boote große Panzerschiffe bei Tage anzugreifen versuchen, wenn sie nicht etwa in der Zahl von 50 gegen 1 auftreten können. Wir wollen uns daher auch nur mit dem Nachtangriff beschäftigen.

Um bei Nacht die Feuerwaffen mit Erfolg gebrauchen zu können, bedarf man natürlich des Lichts, welches die umliegende Wasserfläche so ausreichend beleuchtet, daß man die auf ihr erscheinenden Torpedoboote aufs Korn nehmen kann. Hierzu verwendet man zur Zeit wol allgemein nur das elektrische Bogenlicht, welches, durch Scheinwerfer, wie sie zur Zeit von der Firma Schuckert & Co. in Nürnberg angefertigt werden, auf 105 Millionen Kerzenstärken gebracht, einen blendenden Lichtkegel auf weite Entfernungen wirft, obgleich Raketen und Leuchtkugeln, welche das Licht aus der Höhe nach unten werfen, eine größere Fläche erhellen und eine für den Schützen sehr viel günstigere Beleuchtung geben. Wenn man sich auch für die Friedensübungen zur Zeit nur auf das elektrische Licht von dem Schiff aus beschränkt, so wird man in Kriegszeiten doch auch verbesserte Raketen und Leuchtkugeln anwenden. Jedenfalls aber wird man dahin kommen, die auf Vorposten befindlichen Avisos mit Fesselballons auszurüsten, von welchen elektrisches oder ein besser leuchtendes gelbes Licht aus Petroleumgas, Magnesium oder dergleichen aus der Höhe die Wasserfläche in weitem Umkreis beleuchtet. Denn gegen Torpedoboote kann man sich nicht dadurch schützen, daß man sich in Dunkel hüllt, um sich vor ihnen zu verbergen, sondern nur durch möglichst helle Beleuchtung der Wasserfläche. Bei Friedensmanövern allerdings, wo die Torpedoboote unbekümmert um das auf sie gerichtete, aus Platzpatronen bestehende Feuer weiter vorgehen, bis sie durch Abbrennen eines Blaufeuers das Ausstoßen eines Torpedos markiren, gibt es gegen sie nur das Mittel des Versteckspielens; im Krieg aber braucht ein Feind, der so stark ist, um einen Hafen blockiren zu können, sich nicht zu verstecken; er wird in dem Licht den besten Schutz finden, wenn auch die feindlichen Torpedoboote seinen Aufenthaltsort schon von weitem zu erkennen vermögen. Trotz der bessern Beleuchtung von oben wird man, wenn diese eingeführt werden sollte, doch auch die horizontal wirkenden elektrischen Scheinwerfer beibehalten, weniger als Lichtquelle, vielmehr als Abwehrwaffe. Das elektrische Licht von angemessener Stärke hat eine so große blendende Kraft, daß Menschen unmöglich mit offenen Augen hineinsehen können, sie werden bis zu vorübergehender Erblindung geblendet und verlieren die Möglichkeit, das erstrebte Ziel zu sehen, welches neben der Lichtquelle in den tiefsten Schatten versinkt. Aus diesem Grund hat man auch in manchen Marinen die Scheinwerfer möglichst dicht über der Wasserfläche angeordnet, um das Licht in wagrechter Linie in die Augen der Torpedobootskommandanten werfen zu können. Läßt man also die auf einer von oben beleuchteten Wasserfläche heranbampfenden Torpedoboote unter dem Feuer der Schnellfeuerkanonen bis auf etwa 1000 m herankommen, wirft ihnen nun mit den Scheinwerfern die Lichtkegel in das Gesicht und überschüttet sie noch mit dem Feuer der Revolverkanonen, mit Shrapnels aus den bei den Avisos schon genannten leichten 30 cm-Kanonen, welche für diesen Zweck auch auf den Panzerschiffen Aufstellung finden werden, und fügt auf nähere Entfernungen noch das Feuer der Magazingewehre hinzu, dann erscheint es als eine Unmöglichkeit, daß auch nur ein Boot bis auf Torpedoschußweite herankommen kann. Diejenigen, welche nicht vernichtet sind, werden auf zu große Entfernungen ihren Torpedo ausstoßen und ihr Heil in der Flucht suchen.

Gegen den Sporn gibt es nur ein Abwehrmittel: die seemännische Begabung des Bedrohten, welcher mit sicherm Auge und kaltem Blut im entscheidenden Augenblick die richtige Drehung für sein Schiff zu finden weiß. Wenn in Friedenszeiten für

die Schiffe a und b ein Zusammenstoß droht, dann ist es für b fast immer falsch, dem Stoß dadurch entgehen zu wollen, daß es seine Fahrt vermindert oder mit seiner Maschine in rückwärtige Bewegung zu kommen sucht; für a ist es falsch, durch Rückwärtsschlagen der Maschine dem Stoß vorbeugen oder ihn mildern zu wollen, weil es damit seine Steuerkraft verliert. b muß mit voller Maschinenkraft weiter arbeiten, a darf nur stoppen, und beide müssen mit dem Ruder die allein richtige Drehung ausführen; aber nicht, wie es gewöhnlich geschieht, in der

Weise, daß beide auf den gleichen Curs zu kommen suchen, nämlich a nach links (l) und b nach rechts (r) dreht, sondern a muß nach rechts (r') und b nach links (l') drehen, weil hierbei der Stoß fast immer vermieden werden wird. Namentlich für b ist dies von Bedeutung, weil beim Drehen ja nicht das Vordertheil des Schiffs, sondern das Hintertheil in Bewegung gesetzt wird. Wenn b sein Ruder daher, wie nebenstehend angedeutet, nach links legt, breht es nicht mit dem Bug nach links in der Richtung i, sondern mit dem Heck nach rechts in der Richtung h, entfernt sich mit diesem daher von dem Bug des

Schiffes a, während es mit rechts gelegtem Ruder sein Heck in der Richtung m auf a zutreiben würde. Kommen die Schiffe dann aber doch noch so nahe aneinander, daß der Zusammenstoß unvermeidlich ist, dann kann seine Wucht noch im letzten Augenblick mit Volldampf rückwärts soweit gemildert werden, daß er möglichst unschädlich wirkt. Wird nun im Kampf

das Schiff a auch dem Schiff b nach links folgen, um zum Stoß zu kommen, so wird dieser bei der starken Bauart der Panzerschiffe für b wahrscheinlich ungefährlicher als für a sein. Hieraus ergibt sich, wie ein Kommandant in den meisten Fällen wird handeln müssen. Der Kapitän eines bedrohten Schiffs muß allerdings den Muth besitzen, mit voller Dampfkraft scheinbar gerade in das andere Schiff hineinzurennen; dieser Muth und das sichere Auge für die richtige Beurtheilung der Lage darf aber von jedem Schiffsführer erwartet werden.

Es erübrigt jetzt noch, die Vorrichtungen zu besprechen, welche dazu dienen, den Maschinenfeuerungen den erforderlichen Zug zu sichern, damit diese unter allen Umständen den höchsten zulässigen Dampfdruck erzeugen können. Eine Hauptbedingung hierfür ist, daß man nicht alle Feuerungen in einen Schornstein münden läßt, sondern sie auf mehrere vertheilt, und daß jeder dieser auch noch in sich durch Einbau innerer Scheidewände aus mehreren Zügen besteht. Daneben ist aber auch Vorkehrung getroffen, etwaige Schußlöcher, welche den Zug zu stören vermögen, unschädlich zu machen. Hierzu dienen schmale eiserne Bänder, welche den Schornstein mit so viel Spielraum umgeben, daß sie leicht verschoben und über eiserne Platten gestreift werden können, welche auf die Schußlöcher gelegt diese schließen. Eiserne Keile, welche zwischen Platte und Band getrieben werden, halten beide fest.

7. Das Panzerkanonenboot.

Außer den uns bereits bekannten Schiffen, Fahrzeugen und Waffen, welche ebensowol für den Angriff, wie für die Vertheidigung bestimmt sind, hat man die Marinen auch noch mit besonderen Fahrzeugen und Waffen zur ausschließlichen Vertheidigung der Küsten und der Häfen, zur Unterstützung der am Land aufgeführten Küsten= und Hafenbefestigungen ausgestattet. Die Fahrzeuge gehören vorzugsweise der Klasse der gepanzerten Kanonenboote an; die besonderen Waffen sind unterseeische Minen, welche früher Torpedos hießen, jetzt aber Minen genannt werden, zur Unterscheidung von den bereits besprochenen Torpedos. Außerdem dienen der Küstenvertheidigung alle vorhandenen alten Panzer- und sonstigen Schiffe und Fahrzeuge, welche noch Kanonen tragen können und beweglich sind, sich aber nicht mehr für die offene Seeschlacht eignen.

Die Panzerkanonenboote sind kleine Fahrzeuge von ähnlicher Bauart wie die verschiedenartigen großen Panzerschiffe, sie vermögen trotz ihrer Kleinheit starken Panzer und schwere Kanonen zu tragen, weil an sie nur geringe Anforderungen in Bezug auf Schnelligkeit und Seefähigkeit gestellt werden und weil sie auch nur geringe Mengen von Proviant und Kohlen aufzunehmen brauchen. Ihr Hauptschutz liegt in ihrer geringen Bordhöhe über Wasser und in der kleinen Zielfläche, welche sie bieten. Sie sollen vorzugsweise von flachem Wasser, von den Seiten der eigentlichen Fahrstraße aus die großen Schiffe beschießen und angreifen. Diese werden ja in dem meist beschränkten Gebiet des tiefen Fahrwassers, welches in Kriegszeiten dadurch noch enger wird, daß der Vertheidiger alle Seezeichen, welche in Friedenszeiten eine sichere Fahrt ermöglichen, wegnimmt, nur langsam fahren und außerdem ihre Artillerie ungenügend ausnützen können, weil sie wegen mangelnden Raums auch in ihrer Manövrirfähigkeit behindert sind. Die kleinen Panzerkanonenboote dagegen, deren Tiefgang für die Wassertiefen, auf welchen sie kämpfen sollen, bestimmt ist, haben freie Hand für ihre Manöver und können die großen Schiffe von einer Seite angreifen, wo diese ihnen nur wenige Kanonen entgegenzustellen vermögen. Schließlich sollen sie auch das Feuer der Landbefestigungen in jeder Weise verstärken und unterstützen. Sie müssen daher Kanonen größten Kalibers haben, auch mit Sporn und Torpedos ausgerüstet sein, um zum Nahkampf übergehen zu können, wenn der Feind die Gelegenheit zur Forcirung des Hafens trotz des ihm entgegengestellten Artilleriefeuers erzwingen sollte. Die Vertheidigung auf Leben und Tod liegt dann bei der Hafensperre, welche der angreifende Feind wenigstens theilweise erst wegräumen muß, ehe er weiter vorgehen kann. An dieser Stelle müssen sich ihm die im Hafen oder inneren Fahrwasser liegenden Panzerschiffe, die Kanonen- und Torpedoboote in den Weg werfen, um ihn entweder wieder zurückzudrängen oder dadurch aufzuhalten, daß sie sich selbst opfern und mit den in den Grund gebohrten fremden und eigenen Schiffen das Fahrwasser so versperren, daß der siegreich vorgehende Gegner immer wieder neue Hindernisse findet.

Unsere Panzerkanonenboote sind 44 m lang, 11 m breit, tauchen 3,1 m tief, sind 1100 Tonnen groß und haben Maschinen von 700 Pferdekräften, mit welchen sie eine Geschwindigkeit von 9 Knoten erreichen. Sie sind durch Gürtelpanzer von 203 mm Stärke und durch einen oberen Deckspanzer von 50 mm geschützt, ein über Bank feuerndes 30,5 cm-Geschütz steht in einem festen, mit 203 mm starken Platten gepanzerten Thurm; Torpedoausstoßrohre und Revolverkanonen vervollständigen die Armirung. Aehnliche Fahrzeuge, etwas größer, mit stärkeren Maschinen und angeblich mit 13 Knoten Geschwindigkeit besitzt Frankreich. England hat nur kleine ungepanzerte Kanonenboote älteren Modells mit schwacher Armirung, welche wol weniger gegen große Panzerschiffe auf dem Plan erscheinen sollen. Dieses Land hat so viele Häfen, daß es dieselben nicht mit einer großen Zahl kleiner Fahrzeuge vertheidigen kann, weil diese zu viel Personal erfordern

140   7. Das Panzerkanonenboot.

Deutsches Panzerkanonenboot.

würden. Es begnügt sich mit Landbefestigungen, sowie mit in das Fahrwasser gebauten Panzerthürmen, und rechnet im übrigen, da seine Häfen durchgängig große Wassertiefen haben, mit seinen, allen andern Staaten überlegenen Streitkräften an großen Panzerschiffen.

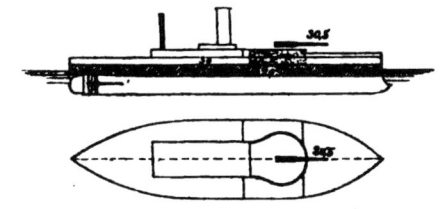

Deutsches Panzerkanonenboot.

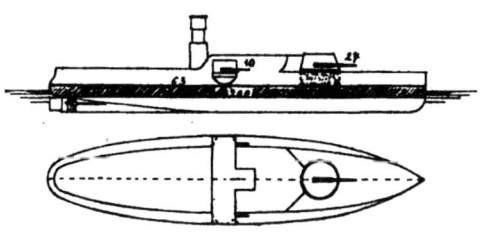

Französisches Panzerkanonenboot.

In Rußland, Schweden, Norwegen, Dänemark und Holland finden wir vorzugsweise kleine Monitors zum Küstenschutz. Oesterreich=Ungarn, welches ebenfalls nur tiefe Häfen zu schützen hat, scheint wie England von dem Bau kleiner Panzerfahrzeuge abzusehen.

8. Die Hafensperren und die Minen.

In dem vorigen Abschnitt ist der Hafensperren Erwähnung geschehen. Dieselben sind ein unentbehrliches Vertheidigungsmittel, weil nur in Verbindung mit ihnen die Landbefestigungen und die zum Schutz des Hafens vorhandenen Schiffe und Fahrzeuge im Stande sind, feindlichen Panzerschiffen das Einlaufen in denselben zu verwehren. Keine Artillerie vermag den Lauf einer mit voller Maschinenkraft herandampfenden und an ihr vorbeifahrenden Panzerflotte aufzuhalten; die Geschosse würden sogar eine so geringe Treffwahrscheinlichkeit haben, daß sie die feindlichen Schiffe nicht oder nur durch Zufall treffen könnten, und sollten sie auf Entfernungen von über 1000 m gegen deren Panzer schlagen, dann würden sie in den meisten Fällen auch noch wirkungslos abprallen. Wenn wir z. B. die Fahrgeschwindigkeit einer angreifenden Flotte zu 12 Knoten oder 370 m in der Minute rechnen, dann würden die Schiffe, sofern das Feuer auf 6000 m Entfernung aufgenommen wird, schon nach Verlauf von 16 Minuten die Landbefestigungen passirt haben, deren Geschütze während dieser Zeit aber nur je 4 Schuß hätten abgeben können, von welchen vielleicht auch noch keiner getroffen hätte, da die richtige Schätzung der Entfernung bei ihrer schnellen Abnahme außerordentlich schwer ist und außerdem auch die Schützen[1] der Landbefestigungen nur selten die Begabung haben, gegen so schnell sich bewegende Ziele im entscheidenden Augenblick abzukommen. Die Möglichkeit, den Feind mit Aussicht auf Erfolg

---

[1] Die Schützen werden bei den Friedensübungen zwar auch darauf geschult, auf ein fahrendes Ziel zu schießen, doch beträgt dessen höchste Geschwindigkeit bei uns nur 6—8 Knoten.

beschießen zu können, würde sich daher erst dann bieten, wenn die Schiffe im innern Hafen, durch örtliche Verhältnisse gezwungen, ihre Fahrt hemmen müßten; aber nun würden die fehlgehenden Geschosse des Vertheidigers ja mithelfen, die Hafenanlagen zu zerstören, sie würden somit den Feind in seinem Vorhaben nur unterstützen. Die gleiche Wirkung müßten die Geschosse derjenigen Schiffe des Vertheidigers, welche den Kampf im innern Hafen fortsetzen wollten, haben, und die Geschosse von beiden Seiten würden die bei den Marinewerften liegende Stadt, auf welche im Kampfestoben natürlich keine Rücksicht genommen werden könnte, mit zerstören. Die Anlage der Küstenbefestigungen ist daher immer so, daß die schwere Artillerie nur landab schießt, und daß das Festungswerk nach der Landseite hin von Kanonen kleinern Kalibers nur gegen einen von Landtruppen etwa ausgeführten Angriff vertheidigt wird.

Soll die Küstenartillerie daher zur Entfaltung ihrer Kraft kommen, dann muß der Feind in dem Fahrwasser ein Hinderniß finden, welches ihn festhält und es ihm unmöglich macht, mit voller Fahrt in den Hafen hineindampfen zu können. Dieses Hinderniß ist in der Hafensperre enthalten und der günstigste Platz für sie ist das Gebiet, wo das Feuer der sämmtlichen Küstengeschütze sich auf wirkungsvolle Schußentfernung gegen Panzerschiffe kreuzt.

In den sechziger Jahren glaubte man, obgleich die Seestaaten schon der Seemine erhöhte Aufmerksamkeit schenkten, noch an die Wirkung schwimmender Holzsperren, welche, aus schwerem Gebälk und Ketten zusammengefügt, quer über die Hafeneinfahrt verankert wurden; man suchte daher dieses System weiter zu vervollkommnen. Doch die Strömung in den Häfen mit Ebbe und Flut riß diese Sperren nach kurzer Zeit fort, und für die Häfen ohne Strömung ergaben Rammversuche mit einem Panzerschiff, daß keine Verankerung den Stoß des Schiffs aushielt. Man mußte daher von derartigen Sperren absehen und versuchen, mit der Auslegung von unterseeischen Minen zum Ziel zu kommen. Wie wenig ausgebildet das Minenwesen übrigens noch im Jahr 1870 war, ergibt ein Rückblick auf die damaligen Versuche, unsere Häfen gegen die französischen Schiffe zu sperren. Obgleich uns von verschiedenen Seiten die verschiedenartigsten Projekte zu derartigen Sprengkörpern angeboten wurden, erwies sich doch keins als brauchbar.

8. Die Hafensperren und die Minen.

Die wenigen vor Wilhelmshaven versuchsweise gelegten Minen trieben weg und sprengten nur ein harmloses Torfschiff in die Luft. Erst nach 1870 gingen die Seestaaten ernstlich daran, brauchbare Minen zu schaffen, und es bedurfte noch mehrerer Jahre, ehe das Ziel erreicht wurde.

Man wendet jetzt allgemein zwei Arten von Minen an. Die einen kommen zur Explosion, wenn ein Schiff gegen sie anfährt, sind somit selbstthätig; man nennt sie „Berührungs= oder Contact=Minen. Die anderen werden von einem Beobachter am Land gezündet, sobald ein Schiff sich über ihnen befindet; sie haben aus diesem Grund den Namen „Beobachtungs=Minen" erhalten. Beide Arten bestehen aus einem Metallgefäß, welches eine große Ladung Sprengstoff aufnimmt, der auf elektrischem Weg zur Entzündung gebracht wird. Bei Bemessung der Menge der Ladung ist man indeß auch beschränkt, weil diejenigen Minen, welche unter der Wasseroberfläche in einer bestimmten Tiefe schwimmen sollen, einen genügend großen Auftrieb haben müssen, um die Gewichte der Ladung und des Ankertaus tragen und außerdem in Häfen mit Strömung auch dieser so weit widerstehen zu können, daß sie von dem Wasserdruck nicht auf den Meeresgrund heruntergedrückt oder bei langem Ankertau weit von ihrem eigentlichen Platz weggetrieben werden. Gäbe man dem Gefäß einen zu großen Umfang, dann würde der Wasserdruck zu stark werden. Auch darf die Wirkung der Sprengladung um deshalb eine gewisse Grenze nicht überschreiten, weil einerseits sonst die Explosion einer einzelnen Berührungsmine gleichzeitig ihre Nachbarn und diese wieder die weiteren zünden würden und so der Feind mit dem Opfer eines Schiffs die ganze Sperre sprengen und beseitigen könnte, welches Opfer er gewiß bringen würde; andererseits würde die Explosion einer Beobachtungsmine die zunächst gelegenen aus dem Grund heben und wenigstens eine große Lücke reißen. Man kann annehmen, daß die Beobachtungsminen eine Ladung bis zu 700 kg und die Berührungsminen eine solche bis 50 kg Schießwolle erhalten.

Selbstverständlich ordnet man die Sperre, dem Auge des Feindes verborgen, unter der Wasseroberfläche in einer angemessenen Tiefe an und nimmt für die Lage der einzelnen Minen darauf Rücksicht, daß kein feindliches Schiff die Sperre durchbrechen kann, ohne auf eine derselben zu stoßen. Das erstere wird dadurch erreicht, daß die Minen

Zündung der Minen.

nur an einem kurzen Ankertau verankert werden, welches sie in der bestimmten Tiefe unterhalb der Wasseroberfläche festhält; zur Erreichung des letztern Zwecks legt man sie schachbrettartig in mehreren, und zwar mindestens in zwei Reihen in der Weise aus, daß diejenigen der zweiten Reihe (c—d) die Lücken der ersten (a—b) decken. Die Abstände derjenigen einer Reihe müssen dabei so gering sein, daß kein Schiff, dicht an einer der ersten Reihe vorbeilaufend, auch eine der

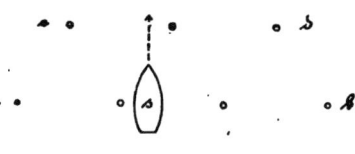

nächsten Reihe vermeiden kann; der Abstand zweier Minen in einer Reihe darf daher nicht mehr als 40 m betragen, weil sonst das Schiff s bei einer Breite von 20 m die Sperre ohne Gefahr durchbrechen könnte. Für diesen Abstand muß daher auch die Menge der Sprengladung bemessen sein.

Die Zündung der Beobachtungsmine erfolgt in einfacher Weise dadurch, daß der Beobachter am Land den elektrischen Strom schließt und damit den Funken zwischen den zwei in der Sprengladung mündenden Enden der Leitungsdrähte überspringen läßt. Bei der Berührungsmine indeß wird der Stromschluß durch einen besondern Zünder bewirkt. Derselbe setzt sich aus einer Säure und einem Salz zusammen, welche beiden Bestandtheile den galvanischen Strom erzeugen, sobald sie sich miteinander verbinden; diese Verbindung kann aber erst erfolgen, nachdem eine verschlossene Glasröhre, in welcher sich die Säure befindet, zerbrochen worden ist. Jede Mine hat nun an ihrer Oberfläche, über dieselbe hinausragend mehrere solcher in dünnen Bleihüllen ruhende Zünder (z, f. S. 146), damit die Zündung auch erfolgt, wenn das Schiff bei dem ersten Anstoß an das Minengefäß keinen derselben treffen sollte, weil die Mine durch den erlittenen Stoß in Drehung versetzt wird und sich nun an der Schiffswand reibt, wodurch ein hinreichender Druck erzeugt wird, um die Bleihülle des Zünders zu verbiegen und hierdurch die Glasröhre der Säure zu zerbrechen.

Während also bei der Beobachtungsmine die elektrische Batterie am Land liegt und der Stromschluß dort bewirkt wird, sind die Leitungsdrähte der Berührungsminen am Land dauernd mit einander verbunden und der Stromschluß erfolgt in der Mine selbst, da jeder

Zünder in sich eine kleine Batterie enthält. Hiermit hat man dann gleichzeitig die Möglichkeit gewonnen, diese Minen ohne Gefahr aus= legen und auch wieder aufnehmen zu können, weil der Zünder erst zur Wirkung kommen kann, wenn die Enden der beiden Hauptleitungsdrähte nach dem Auslegen der ganzen Sperre mit einander verbunden worden sind, und er andererseits seine Wirkung verliert, sobald die Drähte wieder von einander gelöst werden. Natürlich muß jeder der Zünder vermittels zweier Drähte in einem der Hauptleitungsdrähte, mit wel= chem auch jede Mine verbunden ist, münden, während der zweite Hauptleitungsdraht neben der Sperre liegt und erst versenkt wird, nachdem diese in ihrer ganzen Ausdehnung verankert worden ist.

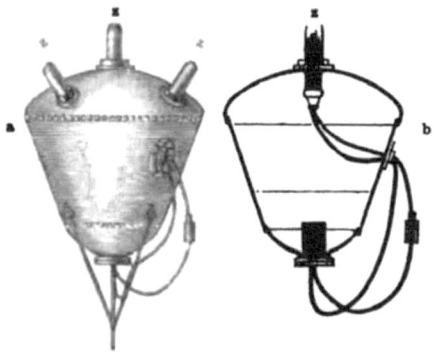

Die Berührungsmine.
a Aeußere, b innere Ansicht, z Zünder.

Jede der zwei Minenarten hat ihre Vorzüge und ihre Nachtheile. Der größte Vorzug der Beobachtungsmine besteht darin, daß die eigenen Schiffe gefahrlos für sich und ohne die Sperre zu gefährden über diese hinweglaufen können, da diese Sprengkörper zum Zweck der Zündung nicht mit dem feindlichen Schiff in Berührung zu kommen brauchen, daher eine tiefere Lage erhalten, als der Tiefgang der größ= ten Schiffe beträgt, weil die Wirkung der Sprengladung eine größere ist, wenn sie unterhalb eines Schiffs zur Entwicklung kommt. Neben diesem Vortheil sind aber auch noch andere vorhanden. Man kann die einzelne Mine wirken lassen, wenn das Schiff sich auch nicht gerade in ihrer unmittelbarsten Nähe befindet, und die sich vor dem Angreifer zurückziehenden Schiffe des Vertheidigers können jenen auf die Sperre locken. Auch ist man befähigt, Beobachtungsminen in ver=

Die Beobachtungsmine.

streuter Ordnung in dem äußern Fahrwasser zu verankern und diesen dann eine noch größere Ladung als die gewöhnliche zu geben. Wesentliche Nachtheile sind die folgenden:

1. Diese Minen können nur dort ausgelegt werden, wo sich auch ein geeigneter Platz für die Beobachter findet.
2. Die richtige Zündung hängt von dem Zusammenwirken zweier Beobachter, welche mit einander in telegraphischer Verbindung stehen, ab, denn ein in A befindlicher Beobachter kann wol sicher feststellen, wenn ein Schiff die Linie c—f passirt; er kann aber nicht erkennen, bei welcher der einzelnen Minen es in einer für diese wirkungsvollen Entfernung vorbeilaufen wird. B muß daher die Zündung übernehmen, nachdem ihm dasjenige Schiff, welches sich in der Linie c—f befindet, von A bezeichnet worden ist.

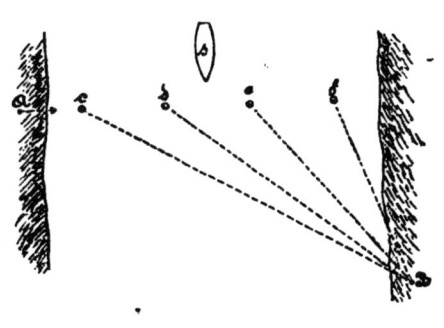

3. Das Beobachten ist in der Nacht bei künstlicher Beleuchtung oft schwierig, und in regnerischer Nacht, sowie am Tage bei Pulverrauch, wenn ein für den Vertheidiger ungünstiger Wind den Rauch in den Hafen treibt, wahrscheinlich ganz unmöglich. Bei Nebel wird ein unternehmender Feind die Sperre sicher durchbrechen können, wenn das Fahrwasser sonst klar ist und nach dem Kompaß mit einem geraden Curs genommen werden kann.
4. Der Beobachtungsstand kann zufällig durch einen Schuß zerstört werden.
5. Das Auslegen der Beobachtungsminen erfordert in Verbindung mit der Aufnahme des für die Beobachtungsstation unumgänglich nothwendigen genauen Plans der Verankerungen sehr viel Zeit und genaue Arbeit.

Betrachten wir dagegen die Vorzüge und Nachtheile der Berührungsmine, dann finden wir, daß diese das Gegentheil der Beobachtungsmine ist und beide sich eigentlich ergänzen. Ihre Vorzüge be-

8. Die Hafensperren und die Minen.

stehen darin, daß die Sperre von einem geschulten Personal in etwa einer Stunde gelegt werden kann, und in anderen von unserer Regierung vorläufig noch geheim gehaltenen Punkten.

Die Nachtheile sind die folgenden:
1. Die Tiefenlage der Minen richtet sich nach dem jeweiligen Wasserstand, sie werden daher in den Häfen mit Gezeitenströmung bei Ebbe sehr nahe an die Wasseroberfläche und unter Umständen sogar in diese kommen, wenn sie bei Flut und Hochwasser noch in wirkungsvoller Tiefe sein sollen.
2. Es kann vorkommen, daß ein Schiff die Sperre passirt, ohne auf eine der Minen zu stoßen.

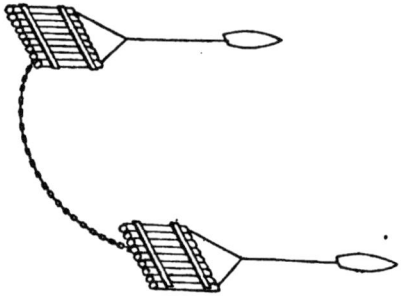

3. Gelingt es dem Feind, vor beabsichtigtem Angriff in dunkler Nacht die Leitungsdrähte der Sperre an irgendeiner Stelle durch Boote zu fischen und zu zerschneiden, dann ist die ganze Sperre wirkungslos.
4. Die Möglichkeit ist nicht ausgeschlossen, daß der Angreifer, wenn er stark genug ist, um mit seiner Artillerie das Feuer der Landbefestigungen zu beherrschen, durch flachgehende Schiffe, welche Flöße hinter sich herschleppen, von denen Ketten herunterhängen, eine genügend große Lücke sprengen lassen kann.
5. Die Schiffe des Vertheidigers sind gezwungen, die eigene Sperre ängstlich zu vermeiden, und können den Hafen zu einem Angriff auf die feindlichen Schiffe nur durch eine offen gelassene Lücke verlassen. Denn wollte man auch für die Zeit ihres Auslaufens die Leitungsdrähte von einander lösen, dann würden

die Schiffe doch die Zünder umbiegen und die Minen müßten nutzlos explodiren, sobald die Drähte wieder mit einander verbunden werden.

Es wird für eine Hafensperre also immer das Richtigste sein, beide Systeme zu verbinden, indem eine äußere Sperre aus Beobachtungsminen und eine innere aus Berührungsminen gelegt wird und man die nothwendige Lücke in der letztern durch Beobachtungsminen schließt, außerdem auch noch durch Torpedobatterien vertheidigt, wenn sie dicht an der Küste liegt.

Das Auslegen der Hafensperren gehört bei uns zu dem Dienst der Küstenartillerie, welcher hierfür besondere Fahrzeuge zur Verfügung stehen, auf denen das gesammte Sperrmaterial lagert, dessen Zuwasserbringen durch Hebewerkzeuge erleichtert wird. Kleine Dampfer schleppen die Minenfahrzeuge an Ort und Stelle; mit kleinen Booten werden die Minen einzeln an ihren Ankerplatz gebracht und dort durch zweckdienliche Handwerkszeuge mit einem der Leitungsdrähte verbunden. Die Enden dieser finden in nächster Nähe des Landes oder auf diesem selbst einen versteckten und gut bewachten Platz.

Neben diesen Minensperren, welche nur den großen Schiffen den Weg verlegen sollen, muß man neuerdings aber auch noch andere gegen Torpedoboote und sonstige kleine Fahrzeuge und Boote haben, weil die Marinen nicht gewillt zu sein scheinen, die Sperrung eines von ihnen begehrten Hafens geduldig zu ertragen, vielmehr die größten Anstrengungen machen, Mittel und Wege zu finden, mit welchen sie die Sperren beseitigen oder unschädlich machen können. Auch hat der Angreifer in dem Torpedoboot ein Werkzeug gefunden, mit welchem er nachts den Versuch wagen kann, in den Hafen unbemerkt einzubringen, um die dort ankernden gegnerischen Schiffe anzugreifen und die Schleusenthore zu den künstlichen Hafenanlagen und den Docks zu zerstören. Gegen Torpedoboote und gegen die kleinen Fahrzeuge, mit welchen nur bei Nacht im Schutz der Dunkelheit ein Angriff auf die Sperren möglich ist, können in Häfen mit Gezeitenströmung auch nur kleinere an der Wasseroberfläche schwimmende Berührungsminen als Sperre dienen, wahrscheinlich wird man sich hier aber mit dem durch Wachtboote ausgeübten Sicherheitsdienst begnügen, weil die angreifenden kleinen Fahrzeuge kaum auf das Gelingen ihres Plans werden rechnen können. In Häfen mit stehendem Wasser dagegen, wo der Angreifer leichter der Sperre beikommen kann, hat man auch die Möglichkeit, starke Stahltaue für die Dauer der Nacht quer über die Hafeneinfahrt zu legen, welche in größerer Länge und durch Schwimmer so gehalten sind, daß das oberste Tau sich an der Wasseroberfläche befindet und jedem Stoß genügend nachgeben kann, um auch das stärkste Torpedoboot aufzuhalten. Hinter dieser Sperre werden sich ja auch noch die Wachtboote des Vertheidigers befinden, um den plötzlich aufgehaltenen und dadurch zeitweise in Verwirrung gebrachten Gegner mit Vortheil angreifen zu können.

Die Mittel, um eine Hafensperre gewaltsam zu beseitigen, bestehen darin, daß man die Minen unschädlich zu machen versucht, indem man entweder sie selbst oder ihre Leitungsdrähte fischt und sie dann aufnimmt bezw. die Drähte zerschneidet, oder daß man die Beobachtungsminen durch kleine Gegenminen und die Berührungsminen durch Stoß oder Schlag gewaltsam sprengt. Zur Beseitigung der Stahltausperren bedient man sich kräftiger Schneidewerkzeuge und kleiner Sprengkörper, welche durch Taucher an dem unter Wasser befindlichen Netzwerk befestigt werden. Allerdings wird der ernstliche Versuch zur Beseitigung einer Hafensperre von dem Angreifer erst dann gemacht werden können, nachdem er das Feuer der Küstenbefestigungen zum Schweigen gebracht und durch wiederholte Scheinangriffe die den Hafen vertheidigenden Schiffe und Fahrzeuge vernichtet oder kampfunfähig gemacht hat. Dann aber wird er unter dem Schutz seiner Artillerie die Sperre bei Tageslicht wegzuräumen suchen.

Hiermit haben wir die gesammten nur für den Kampf bestimmten Schiffe und Fahrzeuge nebst den Waffen und den Schutzmitteln gegen diese kennen gelernt.

Register.

Abwehrmittel gegen die Waffen 129.
Armirung der Schiffe 8. 12. 19. 21. 25.
Aviso 7. 21. 111.

Bauart der Panzerschiffe 30.
Benennung der Kanonen 77.
Beobachtungsmine 144.
Berührungsmine 144.
Besatzungsstärken 21. 25.
Bombe, s. auch Granate 8.
Bombenkanone 8. 19. 22.

Dampfheizung 37.
Dampfmaschine 6.
Dampfruder 68.
Deckspanzer 49. 69.
Doppelboden 48.
Drahtnetze 130.

Einrichtung, innere, der Panzerschiffe 57.
Eisen als Baumaterial der Schiffe 10.
Elektrische Beleuchtung 37. 74.
Enfiliren 11.
Entermesser 5.
Enterung 6. 11. 16. 22.
Entwickelung des Panzerschiffbaus 40.

Fregatten 19. 21. 23. 25; Radbampf= 19.

Geschosse 27. 79.
Geschwindigkeiten der Schiffe 26.
Gewehr 5.

Gewichte der Armirungen 26. 32; der Maschinen 32; des Panzers 32; der Schiffe 26. 32.
Glühende Kugel 8.
Granate 8. 19. 23. 80; ihre Wirkung 18.
Größe der Schiffe 26.

Hafensperren 142. 149.
Handwaffen 77. 110.
Heizerpersonal 65.
Holz als Baumaterial der Schiffe 10.

Kanone 26. 56. 61. 75. 76; alte 5. 14.
Kanonenboot 21; Panzer= 138.
Kernschuß 15.
Kohlen 32.
Korvette 21.
Kosten der Schiffe 25. 38.
Kugel, ihre Wirkung 9. 11. 13; glühende 8.
Künstlicher Pulverrauch 130.

Licht als Schutzmittel 133.
Linienschiff 5. 6. 20. 25; Panzer= 42; Bauart 10. 12.
Luftpumpe für Torpedozwecke 103.

Maschinen, Hülfs= 61. 68; Kräfte 26; Personal 63.
Minen 142.
Mittel zur Beseitigung der Hafensperren 150.
Monitor 43.

Nachtheile und Vorzüge der verschiedenen Minen 146.

Panzerfregatten 40. 58.
Panzergranate 81.
Panzerkanonenboot 138.
Panzerkasemattschiff 47. 55.
Panzerlinienschiff 42.
Panzerschiffe 24. 25. 28. 40. 57. 76.
Panzerschiffbau, seine Entwickelung 40.
Pulverladungen der Kanonen 27.
Pumpen 9.

Radbampfer 6.
Ramme s. Sporn.
Revolverkanone 77. 86.

Schiffe, ihre Entwickelung 5. 40.
Schlachtschiffe s. Panzerschiffe.
Schnellfeuerkanonen 77. 85. 88.
Schornsteine 136.
Schraubendampfschiff 19.
Schraubenlinienschiff 21.
Schußpfropfen 9.
Schutzmittel gegen die Waffen 129.
Schwimmende Batterie 21.
Seeleute zur Zeit der Segelschiffe 17.

Shrapnel 84.
Sporn 28. 77. 107. 135.
Stahlschilde 130.

Takelage 10. 27. 49. 69.
Taktik 11. 16. 23.
Thurmschiffe 46. 55. 66.
Tonne 25.
Torpedo 77. 89.
Torpedoausstoßrohr 100.
Torpedoboot 117.
Torpedobootsjäger 127.
Torpedoschutznetz 131.

Ueberbankfeuer 47. 55. 56.

Ventilation 62. 72.
Vollkugel 8.
Vorzüge und Nachtheile der verschiedenen Minen 146.

Waffen 5. 76.
Wallgang 9.

Zellenbau 51. 71.
Zündergranate 83.
Zündung der Minen 146.
Zweischraubenschiffe 50.